PSICOLOGIA HOSPITALAR E PSICANÁLISE: ESCUTA E CUIDADO AO IDOSO

Coleção Psicologia Hospitalar: teoria e prática

PSICOLOGIA HOSPITALAR E PSICANÁLISE: ESCUTA E CUIDADO AO IDOSO

Orestes Diniz Neto e Fábio Belo
organizadores

Psicologia Hospitalar e Psicanálise: escuta e cuidado ao idoso

COORDENAÇÃO EDITORIAL
Karol Oliveira

DIREÇÃO DE ARTE
Tiago Rabello

REVISÃO
José Maria Campos Lima

CAPA
Karol Oliveira

PROJETO GRÁFICO E DIAGRAMAÇÃO
Luís Otávio Ferreira

E56

Psicologia hospitalar e psicanálise : escuta e cuidado ao idoso / organizadores: Orestes Diniz Neto, Fábio Roberto Rodrigues Belo . – Belo Horizonte : Artesã Editora, 2019.

238 p. ; 21 cm.

ISBN: 978-85-7074-025-0

1. Psicanálise. 2. Psicologia. 3. Idosos - Assistência hospitalar. I. Diniz Neto, Orestes. II. Belo, Fábio Roberto Rodrigues.

CDU 159.964

Catalogação: Aline M. Sima CRB-6/2645

IMPRESSO NO BRASIL
Printed in Brazil

(31)2511-2040 (31)99403-2227
www.artesaeditora.com.br
Rua Rio Pomba 455, Carlos Prates - Cep: 30720-290 I Belo Horizonte - MG
/artesaeditora

PRIMEIRAPARTE

SEGUNDAPARTE

SOBRE OS AUTORES

PRIMEIRA PARTE

A ESCUTA DO SUJEITO NO HOSPITAL – DESAFIO DA SUBJETIVAÇÃO

Márcia Aparecida de Abreu Fonseca

As discussões e práticas dos profissionais de diversos campos e setores clínicos convergem para a complexidade crescente do processo humano no contexto do adoecimento e na experiência singular de tratamento de um paciente em um hospital geral.

A contribuição da psicologia hospitalar no cotidiano das unidades de internação e ambulatórios do HC/ UFMG tem sido inspirada por movimento permanente de construção há mais de 35 anos. E o desafio dessa prática clínica continua e se renova.

A defesa da subjetividade envolve construção de relações, posições e decisões que se desenvolvem tanto do lado dos profissionais como dos pacientes e seus familiares.

Sustentar uma clínica do sujeito no âmbito hospitalar não é tarefa simples. A própria diversidade de concepções de saúde e consequentemente, de promoção à saúde compõem o cenário desse trabalho.

Segundo Heidmann et al (2009)[1], "o grande desafio da promoção à saúde, principalmente no contexto latino americano é a de mudança de cenário, no qual ainda prevalece uma enorme desigualdade social com deterioração das condições de vida da maioria da população, junto com o aumento dos riscos para a saúde e diminuição de recursos para enfrenta-los."

A carta de Ottawa (1986)[2] sugere algumas estratégias fundamentais para a promoção à saúde, desde estímulo às mudanças nas políticas públicas, das

1 Heidmann et al (2009). *Políticas Públicas e Desenvolvimento – Bases epistemológicas e modelos de análise.* Francisco G. Heidemann e José Francisco Salm, organizadores, Brasília: Editora Universidade de Brasília, 2009.

2 Carta de Ottawa (1986): Primeira conferencia internacional para promoção da saúde 21 de novembro, 1986, Ottawa.

atitudes da população e das organizações, como também à reorientação do enfoque dos serviços, que devem se voltar mais para a saúde que para a doença.

Todas as recomendações, frutos de incansáveis encontros e conferências sobre a saúde no mundo, estão atravessadas pelo convite à construção e ao diálogo de perspectivas possíveis de participação dos atores sociais.

Nossa contribuição envolve aumentar os recursos simbólicos dos sujeitos para lidar com a sua condição, sejam familiares, pacientes ou profissionais. A inversão é proposital visto que é de cada família com sua história que chegam nossos pacientes, demandando aos diversos profissionais as soluções e "rápidas", para os seus sofrimentos. Nos interessa a escuta do sujeito que chega impactado inclusive por essa exigência maciça do tempo, tão implacável esse imperativo da rapidez nos tempos atuais, uma das fontes de urgências subjetivas e passagens ao ato.

O processo de subjetivação e seus desdobramentos na clínica nos ajuda a visualizar uma cadeia de sentidos e de resultados. O aspecto do tempo da subjetivação de cada sujeito podemos destacar, como um manejo clínico fundamental para o psicólogo hospitalar. Escutar levando em conta a urgência, o tempo dos sujeitos, além de diferenciar pressa de rapidez... Tempo preciso ou tempo exato da demora. Escutar é oferecer uma oportunidade de intervalo ao tempo imperativo e implacável da angústia.

Vejamos as variáveis implicadas no processo de subjetivação considerando o esquema abaixo.

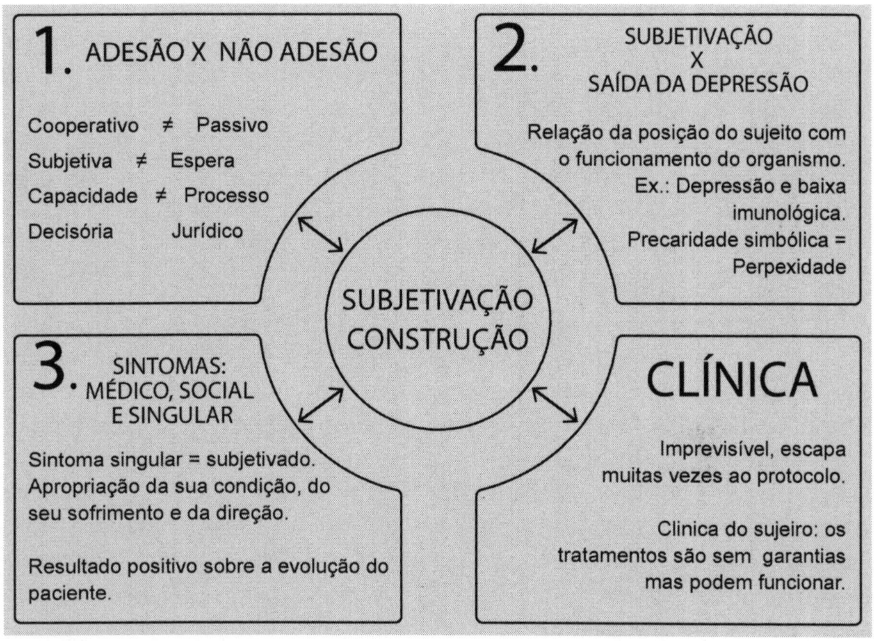

Slide elaborado por Márcia A.A. Fonseca e
Lucíola F. Macedo (2009-10).

Esse processo de subjetivação, num primeiro momento, podemos pensá-lo sob o foco da Adesão/Implicação X Não-adesão/desimplicação do paciente em seu tratamento. Há uma grande diferença entre o paciente Cooperativo (aquele que subjetiva sua condição, por isso coopera e participa) e aquele Passivo (objeto de intervenção; espera exclusivamente do outro a resolução de todos os seus problemas). Os pacientes passivos, não necessariamente são calados, mas tendem a não conseguir decidir ou se implicar com a sua recuperação. E aí tendem a ser aqueles que, não acompanham as etapas ou direção de seu tratamento. E se ainda, os profissionais não estimulam ou subestimam sua capacidade decisória, são pacientes/familiares que podem não entender nem tolerar frustrações, resultando em um aumento de processos jurídicos para a instituição. As pesquisas confirmam que quando o paciente e sua família sentem-se acolhidos, orientados e participantes do tratamento médico-hospitalar, tendem a não desenvolver processo jurídico contra seus profissionais ou instituições, ainda que tenham direito de o fazer.

Um segundo eixo para pensar o processo de subjetivação configura-se a relação da Subjetivação X Saída da Depressão. Aqui lembramos da relação do sujeito com o funcionamento do seu organismo: depressão e estados psíquicos alterados (precariedade simbólica => perplexidade) associados à baixa imunidade (doenças e fragilidades). A falta de recursos simbólicos a um sujeito dificulta sua saída da depressão. A medicação e outros instrumentos importantes vão sendo administrados e repetidos, mas sem um processo mínimo de elaboração ou reposicionamento desse paciente em relação à sua condição e sua vida, prevalece o sentimento de perplexidade. O resultado é a insatisfação e demandas repetidas aos serviços de saúde.

Por fim, o terceiro eixo para pensarmos na importância da subjetivação envolve diferenciarmos três tipos de sintoma: o médico, o social e o singular. Os dois primeiros estão interligados, tendem a se compor de elementos individuais e pessoais, mas escapam ao domínio muitas vezes do paciente e sua família, pois envolvem informações ou influências que dependem de uma rede ou contexto ampliado. Mas, o sintoma singular é produto da subjetivação. É o sintoma que o paciente opina, decide, dá corpo simbólico. É quando o sujeito se apropria da sua condição, do seu sofrimento e dá um destino a isso tudo que experimenta, esteja hospitalizado ou em acompanhamento ambulatorial. A construção do sintoma singular incide positivamente sobre a evolução do paciente, até mesmo quando acompanhamos situações difíceis de grandes perdas funcionais e mutilações, ou na morte inevitável.

Nas situações onde o imprevisível domina e desafia os protocolos, eis aí as maiores exigências de trabalho interdisciplinar para as equipes e onde o psicólogo hospitalar tende a ser chamado. É onde a subjetivação como possibilidade de introduzir algum intervalo mínimo de tempo entre o sujeito e sua condição torna-se ferramenta preciosa para a construção de diálogos e parcerias. Tem sido a aposta.

VELHICE: UMA LEITURA LAPLANCHEANA[3]

Michelle Aguilar Dias Santos

Fábio Roberto Rodrigues Belo

O envelhecimento[4] populacional é um dado concreto e observável em muitos países, que tem se intensificado graças ao aumento da longevidade possibilitada pelos avanços na área da saúde. Essa constatação mobilizou, nas últimas décadas, pesquisas e programas direcionados ao público idoso e suas singularidades. Todavia, algo do que Simone de Beauvoir (1990/1970) chamou de "conspiração de silêncio" (p. 8) em torno da velhice ainda se faz presente. A questão que parece se apresentar, agora, não é se falamos ou não sobre velhice, mas o que e como tem sido dito. Nesse sentido, o presente artigo busca dar voz a um tema ainda pouco debatido – inclusive na teoria psicanalítica – quando tratamos de indivíduos envelhecidos: a sexualidade. Desse modo, tem como objetivo principal propor uma leitura do envelhecimento a partir da Teoria da Sedução Generalizada, tendo como âncora o sexual[5] descrito por Laplanche (2015a): a sexualidade infantil perversa e polimorfa elucidada por Freud.

A leitura que faremos abordará, em um primeiro momento, do lugar do corpo no envelhecimento, utilizando-se do conceito de apoio sistematizado por Laplanche (1989/1980;1997/1993) para compreender a noção de reforço pulsional presente em Freud (1996/1937), bem como suas relações com a alteridade, as mensagens sexuais e a passividade. Em seguida, aludiremos às relações entre corpo e tempo, para finalizarmos com algumas considerações sobre o luto e o narcisismo, apontando a pertinência destes conceitos como operadores teóricos para se pensar o processo de envelhecimento.

---

3 O presente artigo está no prelo, com modificações, e será publicado na Revista Psicologia em Estudo.

4 Gostaríamos de agradecer ao Prof. Paulo de Carvalho Ribeiro pela leitura interessada e importantes contribuições para o desenvolvimento de algumas ideias presentes neste texto.

5 Utilizaremos a palavra sexual sempre com inicial minúscula, apesar do uso em maiúscula na edição que utilizamos, para nos referirmos ao neologismo sexual, forjado por Jean Laplanche.

O CORPO QUE ENVELHECE

É inevitável pensar no corpo ao falar de envelhecimento, pois nele se fazem perceptíveis seus primeiros traços, seus sinais mais marcantes. Sobre o corpo, o tempo inscreve suas marcas, assim como nele são implantadas as mensagens enigmáticas nos tempos originários da sedução; mensagens que são, segundo Laplanche (1997/1993), "antes de tudo somáticas" (p. 15). Apesar de estar presente desde as origens, para que o organismo anátomo-fisiológico se torne um corpo associado ao Eu, é necessário um processo de constituição que coincide com o surgimento do sujeito: a formação da tópica psíquica. Nesse processo, Eu e corpo se constroem e ganham unidade mutuamente. Por causa dessa estreita relação, Freud (1996/1923) nomeia o Eu de Eu corporal: "o eu se coagula por projeção da superfície do corpo". (Laplanche, 1997/1993, p. 75)

Em *O Mal-estar na Civilização*, Freud (1996/1929) fala do corpo, mais precisamente de sua fragilidade, como uma das três grandes fontes de sofrimento. Por sua vez, tal sofrimento do corpo se manifesta de diferentes formas ao longo da vida de cada indivíduo e da história da humanidade. Não apenas via mal-estar, mas de muitas formas durante a vida, o corpo está envolvido em processos potencialmente perturbadores, tais como a adoção da postura ereta, o aprendizado do caminhar, o nascer dos dentes, o controle dos esfíncteres: transformações do corpo e de seu funcionamento que vão sendo imantadas de sentido pelos adultos que cuidam da criança. Adiante, temos os sinais da puberdade que, mais uma vez, misturam alterações diretamente ligadas ao biológico com muitas significações culturais. No curso do envelhecimento, e principalmente em sua fase mais avançada, as transformações do corpo servem de estímulo para revisitar as construções narcísicas já existentes.

Partiremos da tese de que as excitações provenientes do corpo libidinizado funcionam como uma fonte pulsional. Não apenas os estímulos biológicos, mas, acima de tudo e de forma misturada, as inscrições feitas pelo outro sobre o corpo, isto é, todas as ações que influenciam suas representações e as fantasias atreladas aos sentidos que ele ganhará ao longo da vida. Nossa hipótese é que a permanente retomada das construções narcísicas que se impõem desde a primeira constituição egoica, e que se confundem com o trabalho de tradução/recalque (cf. Laplanche 1992/1987), adquire na velhice um caráter novo e específico, porém muito dependente das primeiras traduções das mensagens enigmáticas inerentes à situação de sedução originária, tal como proposta por Laplanche. Do ponto de vista clínico, há que se considerar a pluralidade de modos através dos quais essa reabertura das traduções narcísicas vai se dar. Qual a relação da reabertura da situação originária na velhice com as traduções anteriores? Por que alguns casos são mais traumáticos? Por que outros são menos intensos?

A VERDADE DO REFORÇO PULSIONAL É A SEDUÇÃO[6]

Se a relação entre corpo e envelhecimento é bastante evidente e explorada de diferentes formas nos diversos campos de saber, impossibilitando que a ignoremos, não podemos incorrer no erro de tomá-la como estabelecida. Ao nos propormos a desenvolver uma leitura do envelhecimento tomando o sexual como ponto de partida, faz-se necessário pensar sobre as especificidades de sua apresentação na velhice, se existem e como é possível situá-las. A partir disso, buscamos recuperar a noção de *reforço pulsional* proposta por Freud (1996/1937) em "Análise terminável e interminável" e já trabalhada por Mucida (2004) acerca do envelhecimento. É importante ressaltar que nesse mesmo texto, sendo um dos poucos em que Freud faz alusão às questões próprias à velhice, encontramos uma de suas ideias mais criticáveis a respeito do tema, a saber: a suposição de que, no casos de pessoas muito idosas, exista "um esgotamento da plasticidade, da capacidade de modificação e desenvolvimento ulterior" (Freud, 1996/1937, p. 255) e de que "todos os processos mentais, relacionamentos e distribuição de forças são imutáveis, fixos e rígidos" (p. 255), explicando tais características como devidas "ao que se descreve como força do hábito ou exaustão da receptividade – uma espécie de entropia psíquica." (p. 255-256). Comentaremos esse ponto adiante.

Freud lança a ideia de reforço pulsional, descrevendo-o como uma espécie de incremento pulsional advindo diretamente dos processos de mudança do corpo ao longo do tempo. Freud assim o descreve:

> Duas vezes no curso do desenvolvimento individual certos instintos [pulsões] são consideravelmente reforçados: na puberdade e, nas mulheres, na menopausa... Os mesmos efeitos produzidos por esses *dois reforços fisiológicos do instinto* [pulsão] [grifo nosso] podem ser ocasionados, de uma maneira irregular, por causas acidentais em qualquer outro período da vida. Tais reforços podem ser estabelecidos por *novos traumas* [grifo nosso], frustrações forçadas ou influência colateral e mútua dos instintos [pulsões]. (Freud, 1996/1937, p. 239)

---

6 Essa elaboração, apesar de conter alterações, retoma o que foi desenvolvido em Santos (2016).

Para o autor, o reforço pulsional está atrelado ao caráter fisiológico e por isso mesmo localiza sua ocorrência na puberdade e na menopausa, momentos nos quais a variação hormonal é bastante significativa. Porém, é possível deslocar sua causa a partir da pontuação feita ao final da citação: tais reforços podem se dar através de novos traumas. É o aspecto traumático que buscamos salientar ao propor uma leitura do processo de envelhecimento ancorada no sexual.

No intuito de fazermos trabalhar a noção de reforço pulsional, utilizaremos o conceito de apoio que Laplanche (1989/1980; 1997/1993) sistematizou a partir de Freud. A escolha de trabalhar com essa *pequena metapsicologia portátil*, como denominava Laplanche (1989/1980), vem do fato de o envelhecimento incitar reflexões sobre as relações entre a funções de autoconservação e a sexualidade, ao salientar as aproximações entre o psíquico e o somático: "Sabe-se hoje que é abstrato considerar em separado os dados fisiológicos e os fatos psicológicos: eles se impõem mutuamente. Veremos que, na velhice, essa relação é particularmente evidente: ela é, por excelência, o domínio do psicossomático". (Beauvoir, 1990/1970, p. 15). Desta forma, retomar a noção de apoio se faz crucial para que evitemos a abstração, como chamou Beauvoir, e também o que Laplanche (1997/1993) denominou desvio biologizante da sexualidade.

Mas o que é o apoio? Laplanche (1993/1997) o define como "linha de articulação" (p. 15) entre os planos da autoconservação e da sexualidade. Linha esta que, segundo ele, "substitui, sem dúvida de forma vantajosa, a linha de interação da alma e do corpo" (Laplanche, 1993/1997, pp. 26-27). Segundo o autor, o apoio estaria na origem da sexualidade, mas não somente, já que, mais do que uma linha de emergência, é descrito como linha de articulação. Tal consideração nos é muito cara, pois nos auxilia a pensar as relações entre sexualidade, corpo e as mudanças vivenciadas no envelhecimento.

Nas origens, o apoio seria caracterizado pela emergência da sexualidade apoiada nas funções de autoconservação, obtendo seu estatuto de sexual a partir do desvio de tais funções, após a perda do objeto da autoconservação – seio ou substituto. Nesse momento, torna-se possível falar de autoerotismo e instauração das zonas erógenas, sendo denominado por Laplanche como tempo auto. A origem da sexualidade seria marcada, assim, por emergência e desvio; desvio este que se apresenta como um deslocamento, que não é, no entanto, um descolamento total. A linha de articulação se mantém, fazendo com que, após a emergência e a conseguinte tomada de distância, a sexualidade venha, através de uma retroação, recobrir e apoiar as funções de autoconservação, que são constitucionalmente precárias no ser humano, em um movimento que Laplanche (1997/1993) chamou de função vicariante da sexualidade.

Ao sistematizar e reinterpretar o apoio, Laplanche busca denunciar o biologismo freudiano que propunha uma origem endógena para a pulsão, apontando, desse modo, que sua potência estaria no fato de considerar que a autoconservação implica, necessariamente, a ação do outro. É essa ação do outro que veiculará, como um ruído, a sexualidade infantil e inconsciente do adulto sobre o corpo do infante:

> É essa parte inconsciente da mensagem do outro, veiculada no próprio comportamento da ternura, nesses *Zärtlichkeiten*, que vem criar ali, no seu lugar de impacto sobre o corpo e o comportamento da criança, o ponto de partida do apoio – se quisermos conservar essa palavra. (Laplanche, 1997/1993, p. 60)

A autoconservação não seria, assim, a fonte da pulsão, como Freud (1996/1937) reitera na citação sobre o fundamento fisiológico do reforço pulsional. A verdadeira relação entre autoconservação e sexualidade, para Laplanche (1997/1993), está fundamentada no caráter de abertura ao outro que a autoconservação possui, tendo em vista que ela não poderia se sustentar sozinha no bebê humano. É por essa abertura que os cuidados do adulto incidem sobre a criança, misturando ternura e mensagens enigmáticas (mensagens comprometidas pela sexualidade infantil inconsciente do adulto), o que caracteriza a situação de sedução originária.

Há ainda outro aspecto que se mostra pertinente para aplicação das elaborações acerca do apoio no entendimento do que ocorre na velhice, tendo em vista a importância dos processos e mudanças corporais próprios a essa fase: ao comentar a subdivisão da sexualidade em estádios realizada por Abraham, Laplanche (1997/1993) reconhece a importância de certas maturações fisiológicas. Contudo ressalta, e eis o ponto que nos interessa, que "sua importância maior... é precisamente que elas polarizam a atenção do adulto: seus gestos, suas mensagens, suas fantasias" (p. 62). Não seria essa a importância maior do aspecto fisiológico e corporal também ao longo da vida, o fato de convocarem a atenção do outro, o olhar do outro, os seus cuidados? Na velhice, tal realidade é atualizada de forma incisiva, fazendo com que a importância do corpo e o que ocorre nele possa operar como abertura ao outro, o que se dá de modo particular, sobre o qual discorreremos na seção seguinte.

Tendo apresentado brevemente a noção de apoio, propomos a seguinte interpretação, que visa relacioná-la à ideia de reforço pulsional: o envelhecimento poderia ser concebido como uma vivência que, ao evidenciar de forma significativa as questões fisiológicas e corporais, possibilitaria o que Freud chamou de reforço pulsional, e que entendemos, a partir de Laplanche (1989/1980;1997/1993), como uma tentativa, do lado da sexualidade, de responder aos abalos sofridos nas funções de autoconservação, através de um movimento de retroação; de um recobrimento.

Tal interpretação, apesar de reconhecer a importância do aspecto fisiológico no reforço pulsional, localiza essa importância no disparo da sexualidade e não no aumento biológico do que poderia ser considerada uma pulsão inata. Se a biologia não é causa ou destino, é preciso, contudo, dar um destino a ela. Desta forma, ao recuperar a noção de reforço pulsional em Freud, buscamos enfatizar o papel das vivências corporais próprias a essa fase e suas relações com a sexualidade: assim como nas origens, a sexualidade viria recobrir e apoiar essas modificações físicas, muitas vezes caracterizadas por perdas. Esse recobrimento, por sua vez, pode se apresentar como um aumento libidinal, um excesso pulsional.

Os destinos mais organizadores ou mais desorganizadores dessa retroação do sexual sobre o campo autoconservativo seriam determinados, respectivamente, pelo aspecto narcísico e ligante, observado na função vicariante da sexualidade, ou, ao contrário, pelo aspecto desligante e atacante da pulsão sexual de morte, observada na vertente mais próxima da sedução e das mensagens enigmáticas.

Contudo, se não é no organismo biológico que encontramos a explicação para o reforço pulsional ou o apoio, onde podemos encontrá-la? "A sedução é a verdade do apoio" (Laplanche, 2015b, p. 61): é a partir dessa afirmativa que o caráter traumático pode ser trazido à cena nas reflexões acerca do envelhecimento, em outra direção que não apenas a da castração ou do Real, como trabalhou Mucida (2004), por exemplo. Se a sedução é a verdade do apoio, propomos que também o seja do reforço pulsional. É na relação com o enigma do outro que localizamos a realidade do reforço pulsional; relação que defendemos ser significativa nessa fase, podendo caracterizar a experiência do envelhecimento como uma *reabertura da situação originária*. É por remeter aos tempos originários da sedução – o trauma que funda o sujeito através da implantação da sexualidade inconsciente do adulto no recém-nascido – que o envelhecimento se mostra tão difícil de assimilar, tanto para quem o vivencia quanto para quem o acompanha ou sequer o imagina.

Se a noção de reforço pulsional traz, em si, a ideia de um aumento de libido, algo que vai na contramão do senso comum em relação aos sujeitos envelhecidos, é necessário que possamos compreender essa ideia, e não apenas em seu sentido quantitativo, abordando-a somente do ponto de vista econômico. Para isso, seguimos a indicação de Freud (1996/1912) no texto "Tipos de desencadeamento da neurose", no qual aborda essa questão, relacionando-a novamente à menopausa:

> Podemos supor que não se trata de uma quantidade *absoluta*, mas de relação entre a cota de libido em operação e a quantidade de libido com que o ego [Eu] individual é capaz de lidar – isto é, de manter sob tensão, sublimar ou empregar diretamente. (Freud, 1996/1912, p. 254)

Fica evidente, na citação, que se trata de uma relação e não apenas de um aumento da energia pulsional. Desse modo, essa interpretação, de conotação dinâmica, coloca em jogo não somente um aumento quantitativo, mas indica que as consequências psíquicas deste aumento seriam determinadas a partir da consideração do outro polo: o Eu. O que Freud (1996/1912) propõe nessa citação, assim como em "Análise terminável e interminável", é que devemos levar em consideração tanto a força das pulsões e seu ataque interno quanto a capacidade do Eu de lidar com esse ataque, seja mantendo-o sob tensão, sublimando-o ou descarregando-o diretamente.

Propomos que esse aumento libidinal ou reforço pulsional seja interpretado, tal como Laplanche (1988) lê o aspecto econômico da pulsão, como exigência pulsional, ou seja, exigência de trabalho imposta ao psiquismo. Todavia, como situar essa exigência e de que modo ela é provocada? Se já assinalamos que o aspecto fisiológico não é suficiente para explicar toda essa movimentação psíquica observada no processo de envelhecimento, é preciso situar sua causa em outro lugar; um lugar *outro*, que a seguinte passagem extraída do livro *Freud e a sexualidade: o desvio biologizante*, de Laplanche, nos ajuda a situar:

> Um abalo no organismo, vindo de *outro lugar* e não do funcionamento autoconservador, pode fazer surgir a excitação sexual. Vemos que generalização da 'fonte' se desenha. A fonte se torna abalo exógeno, implantação de um corpo estranho. A questão da origem tende repentinamente a se inverter nessa generalização, se não há endógeno, finalmente, que não comporte um exógeno implantado. (Laplanche, 1997/1993, p. 48, grifo do autor)

Para tanto, precisaremos buscar entender quais as relações singulares da velhice com a alteridade.

CORPO E ALTERIDADE

Se discutimos até aqui o caráter de ataque pulsional, de alteridade interna, é preciso localizar, então, as origens desse ataque. Se a sedução é a verdade do apoio e, como propomos, do reforço pulsional (Santos, 2016), validando-o enquanto operador teórico para pensarmos a velhice, é preciso entender de que modo a alteridade (interna e externa) se apresenta nessa fase, já que é disso que se trata a sedução: uma relação específica com a alteridade.

Não é raro encontrar nos estudos sobre velhice a descrição de estranhamento, de surpresa e de não reconhecimento de si no processo de apreensão da velhice. Tal noção fica muito clara na importante obra sobre o tema escrita por Simone de Beauvoir (1990/1970). Reconhecer e aprofundar sobre as relações da velhice com a alteridade se mostra pertinente do ponto de vista metapsicológico, que tem sido nosso foco no presente estudo, mas tem também interesse pela consideração de seus efeitos sociais: "Antes que se abata sobre nós, a velhice é uma coisa que só concerne aos outros. Assim, pode-se compreender que a sociedade consiga impedir-nos de ver nos velhos nossos semelhantes" (Beauvoir, 1990/1970, p. 10).

Uma afirmativa como essa nos remete à importante contribuição feita por Laplanche (1993), em nota, em seu texto "Da transferência: sua provocação pelo analista", quando trata das maneiras pelas quais a criança, e também o adulto, lida com a alteridade do outro, isto é, "o enigma sexual, provocador, traumatizante, do adulto". (p. 80). Tal enigma é marcado por uma verdadeira "estrangeiridade" (Laplanche, 1997, p. 139) e as tentativas de controlá-lo e traduzi-lo seriam caracterizadas por um duplo fechamento: aquele encontrado em toda forma de tradução e um outro, mais radical, descrito como "fechamento por confinamento, por recalcamento do resíduo anamórfico das mensagens, isto é, daquilo que resistiu à simbolização" (Laplanche, 1993, p. 81). E aqui ele indica uma nota, que reproduzimos na íntegra:

> Face à alteridade do outro, os *métodos de defesa* [grifo nosso] são invariavelmente os mesmos: *tentativa de assimilação, negação da diferença, segregação, destruição* [grifo nosso]. Nós os encontramos, evidentemente, nas *atitudes em relação às diferenças culturais e étnicas* [grifo nosso]. Mas o que falta a todas as análises do "racismo" é levar em consideração a clivagem interna inerente ao outro em si mesmo: é esta alteridade interna que está na raiz da angústia face à alteridade externa; é ela que procuramos reduzir, a qualquer preço. (Laplanche, 1993, p. 83n16)

Seria possível pensar, juntamente com as diferenças culturas e étnicas, em diferenças etárias e geracionais, situando a velhice como uma das categorias marcadas por essa alteridade diante da qual, frequentemente, lançamos mão das defesas descritas por Laplanche, principalmente as que envolvem segregação e destruição? Seria essa uma possível explicação para o que Beauvoir chamou de conspiração de silêncio em torno da velhice? Consideramos importante trazer essa hipótese para a discussão, pois nela parecemos encontrar uma explicação pertinente para a dificuldade que todos sentimos com relação à velhice, sendo ou não velhos: é a seu caráter alteritário que resistimos.

E para as velhas e os velhos, de que modo a alteridade se faz presente? Mucida (2004), em consonância com outros autores que estudam o envelhecimento, diz: "velho é sempre o outro no qual não nos reconhecemos" (p. 102). É a partir de um desencontro que a percepção da velhice se dá: "A velhice é, então, sentida – mesmo sem acidente patológico – como uma espécie de doença mental em que se conhece a angústia de se escapar a si mesmo" (Beauvoir, 1990/1970, p. 387). Contudo, tal percepção não é suficiente para se reconhecer velho, assim como os sinais do corpo, em si, também não o são:

> Por mais que tenhamos encontrado uma imagem mais ou menos convincente, mais ou menos satisfatória de nós mesmos, temos que viver essa velhice que somos incapazes de realizar. E em primeiro lugar, vivemo-la no nosso corpo. Não é ele que nos vai revelá-la; mas, uma vez que sabemos que a velhice o habita, o corpo nos inquieta. (Beauvoir, 1990/1970, p. 369)

Fonte de inquietação desde o momento do nascimento, o corpo é aquilo que não deixa o velho esquecer de sua condição. Mas se não é ele que a revela, o que o faz? "É normal, uma vez que em nós é o outro que é velho, que a revelação de nossa idade venha dos outros" (Beauvoir, 1990/1970, p. 353) É do outro que vem o reconhecimento da velhice, inclusive o outro do espelho. Sendo assim, nos interessa tratar, no envelhecimento, do corpo diante do outro, pois é ele que dá significado ao corpo biológico, fonte de estímulos. É o encontro com o enigma do outro e suas mensagens comprometidas pela sexualidade inconsciente que possui a verdadeira capacidade de produzir inquietações corporais que podem se apresentar como ataque pulsional.

As relações entre corpo e alteridade estão presentes desde as origens, pois é sobre o corpo que o outro deixará suas primeiras marcas. Sobre o corpo do bebê, em vias de se tornar unificado e reconhecido como próprio, o adulto inoculará a sua sexualidade inconsciente, produzindo o que adiante se tornará o objeto-fonte da pulsão, nossa alteridade interna. É do outro que vem a inquietação que sentimos em nosso corpo, e que nos invade. Sendo assim, parece plausível dizer, a partir das considerações feitas por Beauvoir (1990/1970), que a velhice atualiza algo da situação originária, na medida em que é o outro que revela, sempre de forma enigmática, algo que passa a inquietar de dentro, sobretudo a partir do corpo. Esse caráter estrangeiro da velhice é que faz dela um processo tão difícil de elaborar para tantas pessoas: "... devemos assumir uma realidade que é, indubitavelmente, nós mesmos, embora nos atinja do exterior e nos permaneça inapreensível" (Beauvoir, 1990/1970, p. 356)

Todas essas elaborações nos permitem dizer, então, que o corpo se apresenta como o *grande depositário de enigmas* que urgem por tradução; e, na velhice, por novas traduções. É como se muitas das traduções realizadas laboriosamente ao longo da vida não coubessem àquele corpo que já não se reconhece mais. Assim, o corpo parece veicular, ao mesmo tempo, a necessidade de tradução e a possibilidade desta, pois, muitas vezes, é através do corpo – de suas alterações, de sua imagem diante do outro ou mesmo do corpo do outro – que algo da velhice pode ser apreendido e elaborado, na medida em que impõe uma exigência de trabalho à vida psíquica. Porém, se o corpo pode incitar ou veicular novas traduções, também se mostra como local privilegiado para o aparecimento daquilo que não pôde ser traduzido. A hipocondria e as doenças psicossomáticas são bastante comuns nessa fase da vida e se apresentam como grandes exemplos do retorno, no corpo, daquilo que se tornou intraduzível.

PASSIVIDADE REENCONTRADA

A fraqueza do corpo, a lentidão e os ossos frágeis são alguns dos sinais que vão compondo uma passividade comparável apenas às doenças graves e à mais precoce infância. A velhice traz de volta o desamparo em seu sentido mais radical: aquele do Eu diante do pulsional. Queremos salientar a presença da passividade no mal-estar produzido pelo corpo envelhecido, mas não apenas por seus sinais comportamentais, haja vista o que nos ensina Laplanche: "A passividade, a atividade não se definem pela iniciativa do gesto, nem pela penetração ou por qualquer elemento comportamental. A passividade está totalmente (*est toute entière*) na inadequação a simbolizar o que sobrevive em nós da parte do outro" (Laplanche, 1992/1984, p. 263). Se dissemos anteriormente que o reconhecimento da velhice se dá por meio de um desencontro, podemos compreender, a partir da citação, que este é determinado pelo *reencontro* com traumático primordial do encontro com o outro. Sendo assim, o desencontro seria a reapresentação da defasagem intransponível entre o Eu e o outro; primeiro, nas origens, com o adulto; posteriormente, também entre o Eu e o corpo estranho interno, resto perene desse encontro assimétrico postulado por Laplanche (1987) como Situação Antropológica Fundamental. O que se reencontra na velhice é algo da inadequação a simbolizar.

> O intraduzível, o recalcado que se depositará em cada sistema posterior [Laplanche cita a carta 52 e o aparelho psíquico concebido como uma sucessão de sistemas], é apenas o eco, o resíduo, deste intraduzível interno à própria mensagem. É a *transcendência da situação originária – esta relação da criança a um adulto que significa que ele não sabe* – que será traduzido, transportado, transferido com mais ou menos restos, mas nunca reduzido. (Laplanche, 1992/1984, p. 269, comentários entre colchetes são nossos).

Transcendência da situação originária, portanto: a todo momento estamos diante do enigma. Na velhice, o sujeito terá que se haver com o enigma do corpo. Não dizemos o enigma do próprio corpo, pois insistimos que este, desde o começo da subjetivação, já é um objeto libidinal. Falamos, assim, de enigmas depositados no corpo por parte do outro. Ora, quais sinais são emitidos ao sujeito na velhice? O que os padrões de envelhecimento trazem de volta ao sujeito?

Desejar ser adulto, por parte da criança, tem muito a ver com ter um corpo de adulto e as qualidades que a criança ainda não tem: a força, a altura, a destreza. Um corpo que tem acesso (sexual inclusive) aos outros corpos; que possui todos os marcadores (biológicos, mas imantados de sentido social) de que já não se é mais dependente de alguém: *dono do seu próprio nariz*, diz o ditado popular, não por acaso. O desejo de ser velho, no entanto, parece ir contra esse narcisismo infantil atrelado à onipotência. Os ideais atrelados à velhice – a sabedoria e a paciência, por exemplo – parecem não ser suficientes para fazer desse estado um objeto de desejo tão forte quanto foi a adultez. Inclusive, muitas vezes, tais ideais se colocam do lado da tentativa de silenciar a sexualidade de velhas e velhos. É importante ter cautela ao lidarmos com discursos como esse. Uma idealização demasiada ou uma desvalorização são, ambas, lados de uma mesma moeda, e, como pontua Beauvoir (1990/1970), servem como instrumento de exclusão social e, mais radicalmente, de desumanização: "De qualquer maneira, por sua virtude ou por sua abjeção, os velhos situam-se fora da humanidade. Pode-se, portanto, sem escrúpulo, recusar-lhes o mínimo julgado necessário para levar uma vida de homem [ou de mulher]" (p. 10).

Velhas e velhos encontrariam, assim, uma dupla passividade, principalmente quando levamos em consideração a sociedade contemporânea, que cultua a juventude e onde a obsolescência programada parasita outras áreas que não apenas o mercado, impondo, mais do que facilitando, traduções dessa vivência coladas à inutilidade e à passividade. Sendo assim, de um lado, estaria a passividade diante do discurso dominante, que tende a silenciá-los e desumanizá-los através das alegações de perda ou diminuição da capacidade produtiva e reprodutiva; de outro, a passividade diante da alteridade interna, e que encontra menos recursos nos discursos sociais para auxiliar nas traduções, favorecendo o ataque interno ao invés do trabalho de Eros – ligar as excitações para conter o excesso pulsional. (Santos, 2016).

O CORPO E O TEMPO

Laplanche (1992/1989, p. 335) diferencia quatro dimensões do tempo para o ser humano. (1) O tempo considerado em seu nível cosmológico, ditado pelo ritmo da rotação / translação do planeta e suas consequências (as estações do ano, o dia e a noite etc.); (2) A temporalidade imediata, reservada ao nível animal, que trata da percepção rítmica das coisas; (3) A temporalização, isto é, o modo através do qual o existente-humano se organiza de acordo com o tempo, situando-se no tempo; (4) a historicidade que tem a ver com o povo, com a humanidade como um todo.

O que nos interessa dessa diferenciação proposta por Laplanche é mostrar que a passagem do tempo no humano não está imune ao pulsional. Sabemos como a noção de tempo varia de acordo com nossos afetos. Mesmo que os tempos (1) e (2) variem muito pouco, o que importa é o efeito que o tempo (3) faz sobre os dois primeiros, que sentimos como vivência mesma do tempo.

Nosso corpo é um marcador do tempo. Seu crescimento é bastante padronizado, o que gera muitas balizas identificatórias. As fases da vida são claramente articuladas a essas mudanças que se inscrevem no corpo. Não hesitamos em colocar esse tempo do corpo entre os campos (1) e (2) propostos por Laplanche. O tempo biológico nos fornece um padrão forte demais para que passe despercebido. Inelutável tempo para a morte que influencia de forma determinante nossos ritmos: a respiração, a força, o sono.

No entanto, é a partir da capacidade psíquica de apreender o tempo – o campo (3) – que tais percepções serão traduzidas. Para se compreender isso, pensemos nessa proposta de Laplanche: "Resta para nós interpretar esta sequência: presente -> passado -> futuro à luz de uma teoria tradutiva-destradutiva da existência humana, e rearticular (*rattacher*) este movimento, gerador da própria diacronia, a este motor sincrônico que é a situação originária da sedução". (Laplanche, 1992/1989, p. 334).

O que o autor está propondo é que nossa condição humana nos impõe uma articulação entre nosso modo de funcionamento psíquico e a percepção do tempo, que seria externo a nós mesmos. Nossa condição inicial é a do bebê que não possui os elementos necessários para traduzir o que lhe sucede. Isso o condena à temporalidade do *a posteriori*. Sempre deveremos retomar o que nos sucedeu para dar sentido só depois que vivenciamos tais experiências.

As primeiras traduções das mensagens provenientes do outro, o que irá constituir o recalcamento originário, é a proto-temporalização do ser humano: "uma maneira de se auto-teorizar (...) de entrar no tempo por meio da tradução, que é por sua vez um se-colocar-adiante e um deixar-para-trás" (Laplanche, 1992/1984, p. 333). As traduções das mensagens enigmáticas se articulam sempre com o próprio sujeito e sua temporalidade. Poderíamos dizer que é impossível interpretar o mundo sem se colocar nele, sem situar no tempo do mundo que interpretamos.

Pensemos no tempo (4), o tempo da história compartilhada por todos, como uma fonte de mensagens que fornecem vias facilitadas para tradução do que nos sucede. As muitas narrativas sobre a velhice, o dito e o não-dito, os códigos que norteiam o envelhecer: tudo isso pode servir, para o bem e/ou para o mal, para que sujeito encontre vias de tradução para o corpo que envelhece. Neste momento posterior da tradução, as traduções anteriores são chamadas à baila. E é justamente neste ponto que encontramos a possiblidade do conflito: quando as traduções narcísicas até então feitas não se coadunam com as traduções exigidas pelo corpo que envelhece. Aqui se torna mais clara a proposição de Freud (1912/1996) sobre o aumento de libido ser interpretado como relação entre a exigência pulsional e a capacidade do Eu de lidar com tal exigência, a partir do modelo tradutivo proposto por Laplanche (1992/1984). As diferenças brutais que aparecem na clínica – o envelhecimento tranquilo e o angustiado – demonstram que não se trata apenas do atual como fonte de angústia. O encontro com o corpo que envelhece é, de fato, um reencontro com o sexual que ataca o Eu, reencontro com algo do desamparo infantil.

LUTO DE SI MESMO E NARCISISMO

O que foi discutido até aqui nos leva à importância de considerar o trabalho de luto como um processo importante na velhice. Para pensar algumas de suas especificidades nesse momento da vida, citamos Freud:

> Sabemos que o luto, por mais doloroso que seja, acaba naturalmente. Tendo renunciado a tudo que perdeu, ele terá consumido também a si mesmo, e nossa libido estará novamente livre — *se ainda somos jovens e vigorosos* [grifo nosso] — para substituir os objetos perdidos por outros novos, possivelmente tão ou mais preciosos que aqueles. Cabe esperar que não seja diferente com as perdas dessa guerra. Superado o luto, perceberemos que a nossa elevada estima dos bens culturais não sofreu com a descoberta da sua precariedade. Reconstruiremos tudo o que a guerra destruiu, e talvez em terreno mais firme e de modo mais duradouro do que antes. (Freud, 2010/1917, 188-9).

É possível derivar isso que Freud diz sobre os devastadores efeitos da guerra para os efeitos – não menos mortíferos – da velhice. A observação salientada por nós, a de que o sujeito poderá substituir os objetos perdidos por outros, caso seja jovem e vigoroso, traz um problema para essa derivação. O corpo que envelhece impõe, necessariamente, um processo de luto. Sendo assim, a capacidade psíquica será testada ao máximo exatamente em seu poder de reconstruir algo ali onde a maior parte da cultura tem reafirmado o fim.

Laplanche (1992/1990) articula fortemente o processo analítico e o luto. Ambos, segundo o autor, fazem um trabalho de desligamento da libido e seus objetos. Isso vale, claro, para o próprio Eu, tomado como objeto de investimento libidinal. É preciso, aos poucos, desligar-se das representações que sustentavam o tecido narcísico. Destecê-las é sempre um processo angustiante: como reconstruir um Eu diante da iminência do fim? Como enfrentar o desamparo se sabemos que suas manifestações serão ainda mais violentas e incontornáveis?

Para Laplanche (1993), "não há nova tradução sem que se repasse primeiro pelas traduções antigas, para destraduzi-las em proveito de uma nova tradução". (p. 81). Esse movimento de quebra presente na análise, de uma desconstrução que abra espaço para outras possíveis traduções, se apresenta de forma radical no envelhecimento e reitera a hipótese de uma reabertura da situação originária, que temos defendido ao longo desse artigo. A grande questão que se apresenta, então, é: que tipos de fechamentos podem ser realizados na elaboração do processo de envelhecimento e das questões a que ele remete - perdas físicas, afetivas, do lugar social, da imagem conhecida, a aproximação da própria morte e dos entes queridos, além de outros tantos fatores a que velhas e velhos se veem submetidos?

Como encontrar traduções mais permeáveis à alteridade externa e à interna? Como acolher o estrangeiro em si, sem que seja preciso negar sua diferença, confiná-lo ou tentar destruí-lo? Esse é o trabalho de análise e também o trabalho de vida. Se o tempo já não é o mesmo do que foi na juventude, isso não deve significar, tão rapidamente, que não há tempo. Esse é, inclusive, um dos preconceitos que servem para justificar a não entrada em análise por parte de pessoas idosas: resta pouco tempo para realizar as mudanças necessárias. No entanto, experiências recentes, como as descritas por Mucida (2004; 2009), Kamkhagi (2008) e Genaro Junior (2013) nos mostram uma realidade diferente. Se encontramos rigidez e inflexibilidade em alguns idosos, não podemos fazer como Freud (1996/1937) e naturalizar como única experiência. Manter velhas e velhos no mesmo lugar, fixos, parece ter motivações sociais e também inconscientes muito precisas: é como se seu caráter alteritário, que tanto assusta, pudesse ficar localizado, controlado, estático. Não é a morte de indivíduos envelhecidos que mais assusta, mas sua capacidade de viver; inclusive, e principalmente, a sexualidade. Nesse sentido, concordamos com Mucida (2004) quando diz que a velhice incomoda porque desacomoda. Ela destraduz, descentra, reabre e nos confronta com o estranho que tentamos sempre manter confinado e excluído.

Ora, não é possível, tampouco prudente, tratar de todas essas questões sem levar em consideração o narcisismo. Afinal de contas, é em relação ao Eu que os ataques internos se direcionam, enquanto, por outro lado, a sua constituição como instância psíquica se dá justamente para conter essa sexualidade disruptiva: “As fronteiras do Eu são, antes de mais nada, fronteiras voltadas para o interior” (Carvalho, 2003, p. 47).

O narcisismo pode ser entendido como investimento libidinal no Eu. Através desse investimento, o Eu pode ganhar contornos e unidade, e, então, se incumbir da tarefa de tentar fazer frente à força das pulsões que o atacam constantemente. Dessa forma, o Eu pode ser entendido como o “dispositivo que introduz um processo de ligação na circulação da energia libidinal, impedindo-a de escoar-se livremente” (Carvalho, 2003, p. 47) Sabemos, contudo, que tal ataque se apresenta como ameaça constante e incessante de romper tais barreiras: “Assim, até mesmo o sentimento de nosso próprio ego [Eu] está sujeito a distúrbios, e as fronteiras do ego [Eu] não são permanentes” (Freud, 1996/1929, p. 75).

Até aqui, nossas elaborações acerca do envelhecimento gravitaram em torno da concepção de uma exigência pulsional que, muitas vezes, apresenta-se ao sujeito como puro excesso, encontrando dificuldades ou até mesmo impossibilidade de ser simbolizada; exigência que se mostrou ligada tanto às mudanças corporais quanto ao modo peculiar de apresentação da alteridade e interpelação ao enigma sexual do outro, fazendo com que a alteridade seja sentida de maneira esmagadora, no mais profundo sentimento de estrangeiridade. De outro lado, a presença de feridas narcísicas ligadas às mudanças da imagem e do funcionamento do corpo, o lugar social do idoso na sociedade ocidental contemporânea e as sucessivas destraduções inevitáveis provocadas por todos esses fatores. Se aliarmos tais aspectos às questões socioeconômicas e de saúde física, não é difícil reconhecer a situação de fragilidade psíquica a que muitos velhos e velhas podem estar submetidos. Isso nos conduz à pertinência clínica de todas as construções teóricas aqui descritas: não é só em relação ao corpo físico dos indivíduos envelhecidos que devem ser direcionados os cuidados. As fragilidades emocionais e psíquicas influenciam sobremaneira a forma como cada um pode, ou não, cuidar das possíveis doenças físicas que advém com a idade. Não são incomuns os casos de psicoses tardias, depressões e demais outras formas de adoecimento psíquico que surgem de forma mais aparente e significativa nesse momento da vida.

É evidente que há diferentes formas de lidar com esses comprometimentos e feridas narcísicas no envelhecimento. Fatores da história individual e também sociais determinam de maneira significativa o grau de intensidade desses possíveis comprometimentos, ou, como apontou Freud (193961937) em *Análise Terminável e Interminável*, dessas alterações do Eu. Assim como a força do trauma e das pulsões, as alterações do Eu devem entrar na equação para pensarmos não só os limites da análise, que era o que Freud (1996/1937) tratava na ocasião, mas para pensarmos as possibilidades de enfrentamento dos sujeitos em cada circunstância de sua vida.

CONSIDERAÇÕES FINAIS

Se acabamos por organizar o texto abordando o corpo como abertura ao outro e seu lugar privilegiado para a implantação de mensagens enigmáticas e o ataque pulsional, para em seguida tratar das relações da velhice com a alteridade e o tempo, finalizando com o luto e o narcisimo, não é sem razão. Tal movimento parece aludir a algo do próprio objeto a que nos propomos estudar. Algo que ocorre no corpo só pode ser entendido ou apreendido a partir da relação com o outro - externo e interno. Isso ocorre menos por uma compreensão e assimilação do que por uma reabertura que provoca, no entanto, destraduções; por uma confrontação com o enigma do outro e com aquele que também nos habita.

Escolher falar sobre o narcisismo ao final repete o movimento que precisamos realizar em nossa constituição: diante de uma abertura, precisamos fazer um fechamento. Contudo, a velhice nos convoca, assim como a análise, a pensar em outras soluções: sustentar o enigma, encontrar traduções, que são, sim, fechamentos, porém menos rígidos, fixos. Abrir-se ao outro; ao outro em si. A esse estrangeiro interno, estranho familiar, acolhê-lo em sua estrangeiridade: "assim, é através de um esforço sempre renovado, por uma espécie de conversão incessante, que precisamos tentar nos pensar como não sendo nós mesmos, nosso próprio centro" (Laplanche, 1997, p. 147). Aceitar que se é outro parece estar ligado às elaborações possíveis da velhice. Não há aqui uma semelhança importante com o trabalho de análise?

Essa semelhança nos faz interrogar sobre uma tradição, inclusive presente em Freud (1996/1937;1996/1905), de contraindicar velhas e velhos para análise, ou mesmo subestimá-los quanto às capacidades de elaboração, seja por considerar rigidez de hábitos ou caráter ou mesmo por julgar terem pouco tempo ou energia para realizar as mudanças necessárias.

É preciso interrogar, para além do objeto, o que estaria por trás deste preconceito. Será isso motivado apenas por características próprias à velhice ou seria ela uma dificuldade da psicanálise? Dificuldade que deve ser ultrapassada. É preciso nos colocar a trabalho e fazer trabalhar a teoria para compreender os motivos pelos quais a psicanálise colaborou com o silenciamento da velhice em sua teoria e sua prática. Silêncio que vem sendo quebrado timidamente, mas que já produz seus efeitos. Trabalhos como os de Mucida (2004; 2009), Kamkhagi (2008), Genaro Junior (2013) e este livro são apenas alguns dos exemplos desse movimento ainda discreto, mas de fundamental importância. Por isso se fazem urgentes e pertinentes pesquisas sobre o tema. Pesquisas que respeitem as velhices em suas singularidades, para que possamos trazer à tona esse habitante do silêncio tão estranho quanto familiar que é a velhice.

REFERÊNCIAS BIBLIOGRÁFICAS

Beauvoir, S. (1990). *A velhice*. (Maria Helena Franco Martins, trad.). Rio de Janeiro: Nova Fronteira. (Trabalho original publicado em 1970)

Carvalho, M. T. M. (2003, Junho). As fronteiras do Eu na psicose – o trabalho pioneiro de Paul Federn. *Psicologia em Revista*, vol. 9 (13), 43-58, PUC – Belo Horizonte.

Freud, S. (1996). Sobre a psicoterapia. In S. Freud, *Edição Standard das Obras Psicológicas Completas de Sigmund Freud*. (Jayme Salomão, trad. Vol. 7, pp. 245-260). Rio de Janeiro, RJ: Imago. (Trabalho original publicado em 1905)

Freud, S. (1996). Tipos de desencadeamento da neurose. In S. Freud, *Edição Standard das Obras Psicológicas Completas de Sigmund Freud*. (Jayme Salomão, trad. Vol. 12, pp. 247-255). Rio de Janeiro, RJ: Imago. (Trabalho original publicado em 1912).

Freud, S. (1996). O ego e o Id. In S. Freud, *Edição Standard das Obras Psicológicas Completas de Sigmund Freud*. (Jayme Salomão, trad. Vol. 19, pp. 13-80). Rio de Janeiro, RJ: Imago. (Trabalho original publicado em 1923).

Freud, S. (1996). O mal-estar na civilização. In S. Freud, *Edição Standard das Obras Psicológicas Completas de Sigmund Freud*. (Jayme Salomão, trad. Vol. 21, pp. 65-148). Rio de Janeiro, RJ: Imago. (Trabalho original publicado em 1929).

Freud, S. (1996). Análise terminável e interminável. In S. Freud, *Edição Standard das Obras Psicológicas Completas de Sigmund Freud*. (Jayme Salomão, trad. Vol. 23, pp. 223-266). Rio de Janeiro, RJ: Imago. (Trabalho original publicado em 1937).

Freud, S. (2010). Transitoriedade. (Paulo César de Souza, trad.). In Freud, S. *Obras Completas*. São Paulo: Companhia das Letras, vol. 12, pp. 186-190. (Trabalho original publicado em 1917)

Genaro Junior, F. (2013). *Clínica do envelhecimento: concepções e casos clínicos*. São Paulo: Todas as Musas.

Kamkhagi, D. (2008). *Psicanálise e Velhice – Sobre a clínica do envelhecer.* São Paulo: Via Lettera.

Laplanche, J. (1988). A pulsão e seu objeto-fonte: seu destino na transferência. In: Laplanche, J. *Teoria da Sedução Generalizada e outros ensaios*. (D. Vasconcellos, trad., pp. 72-83). Porto Alegre: Artes Médicas

Laplanche, J. (1989). *Problemáticas III: a sublimação*. (Álvaro Cabral, trad.). São Paulo: Martins Fontes. (Trabalho original publicado em 1980)

Laplanche, J. (1992). *Novos fundamentos para a psicanálise*. (Berliner, C., trad.). São Paulo: Martins Fontes. (Trabalho original publicado em 1987)

Laplanche, J. (1992). Le temps et l'autre. In Laplanche, J. (1992). *La révolution copernicienne inachevée*. Paris: Aubier, pp. 359-384. (Trabalho original publicado em 1990)

Laplanche, J. (1992). Temporalité et traduction. In Laplanche, J. (1992). *La révolution copernicienne inachevée*. Paris: Aubier, pp. 317-335. (Trabalho original publicado em 1989)

Laplanche, J. (1992). Traumatisme, traduction, transfert. In Laplanche, J. (1992). *La révolution copernicienne inachevée*. Paris: Aubier, pp. 255-272. (Trabalho original publicado em 1984)

Laplanche, J. (1993). Da transferência: sua provocação pelo analista. *Percurso*, (10), 73-83, disponível em: http://revistapercurso.uol.com.br/pdfs/p10_texto12.pdf.

Laplanche, J. (1997). *Freud e a sexualidade: o desvio biologizante*. (Lucy Magalhães, trad.). Rio de Janeiro: Jorge Zahar. (Trabalho original publicado em 1993)

Laplanche, J. (1997) A teoria da sedução e o problema do outro. *Livro Anual de Psicanálise*, vol. 13, 139-151.

Laplanche, J. (2015a). *Sexual: a sexualidade ampliada no sentido Freudiano 2000-2006*. (Vanise Dresch e Marcelo Marques, trad.) Porto Alegre: Dublinense.

Laplanche, J. (2015b). Sexualidade e apego na metapsicologia. In J. Laplanche, *Sexual: a sexualidade ampliada no sentido freudiano 2000-2006*. (Vanise Dresch e Marcelo Marques, trad. 44-65) Porto Alegre: Dublinense.

Mucida, A. (2004). *O sujeito não envelhece: psicanálise e velhice*. (2 ed). Belo Horizonte: Autêntica.

Mucida, A. (2009). *Escrita de uma memória que não se apaga – envelhecimento e velhice*. Belo Horizonte: Autêntica.

Santos, M. A. D. (2016). Corpo feminino, sexualidade e envelhecimento: considerações psicanalíticas. In *Anais do V Congresso Nacional de Psicanálise, Direito e Literatura: leituras interdisciplinares sobre violência de gênero – o remorso de Baltazar Serapião* (169-176). Belo Horizonte, MG.

PSICANÁLISE E MEDICINA

Márcia Aparecida de Abreu Fonseca
Angela Maria Resende Vorcaro

O avanço do conhecimento e da técnica na medicina tem sido surpreendente, especialmente nas últimas décadas. Igualmente se verifica um crescente desconforto nas relações entre os profissionais da medicina e os pacientes, como também dificuldades interprofissionais entre campos distintos da assistência médica. Vale lembrar que parte desse desconforto, gerador de mal-estar nas relações humanas, procede do sofrimento constitutivo do ser humano para o qual Freud (1930/1987) já alertara. Segundo o psicanalista, o sofrimento do ser humano é sempre oriundo de três fontes:

> De nosso próprio corpo, condenado à decadência e à dissolução, e que nem mesmo pode dispensar o sofrimento e a ansiedade como sinais de advertência; do mundo externo, que pode voltar-se contra nós com forças de destruição esmagadoras e impiedosas; e finalmente, de nossos relacionamentos com os outros homens. O sofrimento que provém dessa última fonte talvez nos seja mais penoso do que qualquer outro. Tendemos a encará-lo como uma espécie de acréscimo gratuito, embora ele não possa ser menos fatidicamente inevitável do que o sofrimento oriundo de outras fontes (FREUD, 1930/1987, p. 95).

Constatamos que a prática clínica médica é *locus* privilegiado de manifestação dessas três ordens de mal-estar salientadas por Freud, porque ela coloca em cena a dor do corpo do paciente e o risco de sua dissolução na morte; o incomensurável do mundo externo ou da natureza, que pode se sobrepor a todos (sejam pacientes ou médicos) com a força cruel e destruidora de contingências imprevisíveis e insabidas; e, no que tange aos relacionamentos interpessoais, configura-se a mais penosa e inevitável das três, na medida em que há profunda dissimetria entre as expectativas dos envolvidos em relação ao que lhes é possível. Nesse ponto, a insatisfação e tensão são permanentes na relação entre pacientes, médicos e outros profissionais de saúde. As queixas se multiplicam a ponto de a chamada "não adesão" aos tratamentos ser tema bastante recorrente nas discussões da eficácia dos serviços e equipes nos diversos âmbitos da assistência em saúde.

Assim, enquanto o aparato biotecnológico moderniza-se, as estratégias farmacológicas e cirúrgicas se ampliam para cada enfermidade. Paralelamente, a dificuldade maior dos profissionais não está do lado do domínio técnico, mas associada com o enfrentamento de seus próprios ideais em relação ao paciente e aos seus próprios pares. Vale destacar que tal imersão na técnica não ocorreu somente no campo da medicina. De forma ampla, outros campos igualmente passaram por verdadeira revolução tecnológica, com efeitos específicos para cada contexto. Observamos que as dificuldades relativas ao vínculo com os pacientes se apresentam mais notórias e se localizam mais imediatamente por parte dos envolvidos. Atualmente, todos os profissionais da assistência médica se perguntam: quem é esse paciente da atualidade que chega aos consultórios particulares ou ambulatórios das unidades de saúde pública ou privada? Ele tem chegado ansioso e com muitas demandas, exigindo informações precisas, ou apenas focado nos resultados que possam aliviá-lo rapidamente de seus sintomas ou queixas. Muitas vezes, esse paciente chega munido de perguntas geradas a partir de consultas prévias aos, digamos assim, "doutores da internet", e pronto para questionar ou argumentar sobre as recomendações e prescrições do profissional que está com eles "ao vivo". Há ainda alguns que trazem nas mãos um artigo científico recém-publicado sobre o tema para discutir na consulta. Uma demonstração da valorização atual das melhores práticas continuamente reatualizadas na literatura mundial sobre pesquisas científicas pautadas principalmente na experimentação e verificação em cálculos estatísticos, bases derivativas de Karl Popper (1953; 1957/1980).

Nesse sentido, a crença vigente de que o médico deve ser um operador do conhecimento científico está entre as causas da valorosa atribuição dada ao sintoma nos diversos tratamentos. Como aponta Clavreul (1978/1983): "O médico não fala e não intervém, senão enquanto é o representante, o funcionário do discurso médico. Seu personagem deve se apagar diante da objetividade científica da qual é o garante" (p. 224).

Gaston Bachelard (1938/1989) define a ciência moderna como um modo específico de abordar o fenômeno, dando menos ênfase à relação direta com seu objeto. Nesse sentido, Alexandre Koyré (1973/1985) analisa a abordagem do método como ponto-chave, colocando a matemática como o modo de operação por excelência da experiência científica. As condições existentes ou criadas para se investigar os fenômenos fazem a diferença na elaboração de novos conceitos e teorias (cf. Koyré, 1973/1985). Na busca pelo diagnóstico preciso, "matemático", o sintoma ganha status de sinal e prova nas pesquisas médicas e ensaios clínicos de vacinas e fármacos. A consulta médica tende a se tornar um verdadeiro roteiro padronizado e impessoal de perguntas ao paciente em nome da investigação, visando o retorno a um quadro anterior considerado normal e eliminando o que se apresenta como disfuncional.

As questões emocionais ou subjetivas tendem a ficar em segundo plano nessa abordagem da ciência médica. Lacan (1966/2001) destaca que a função do médico pode ter se tornado a de um verdadeiro "distribuidor" de novas terapêuticas para a restituição da normalidade de um organismo. Na medicina ocidental, a posição mais antiga ou tradicional do médico era a de um acompanhante mais atento à evolução de seu paciente e menos mobilizado pela solução imediata das queixas trazidas pelo mesmo. Entretanto, o médico da modernidade vem enfrentando os questionamentos e exigências complexas do contexto científico e do mercado, das recomendações baseadas em evidências, assim como dos limites reais na relação com seus pacientes e com outros componentes desse processo assistencial. A própria autonomia e a subjetividade do médico estão igualmente sofrendo restrições vindas dessas mesmas dimensões, visto que muitas vezes sua presença corporal chega a ser prescindida ou banalizada, como nas situações de valorização das publicações científicas e recomendações legais dos protocolos específicos. À capacidade intuitiva, estratégica ou inventiva do médico é atribuído pouco valor nesse contexto.

Se a prática clínica considerava a singularidade de cada corpo, temos hoje o desencontro do progresso biotecnológico e da ciência médica universalizada com a complexidade não apenas de cada organismo, mas, ainda, daquela subjetiva e particular de cada paciente. Lacan (1966/2001) afirma que é no campo da transferência que o médico deverá produzir respostas. Isso considerando que não há correspondência direta entre o que é demandado pelo paciente e o que é desejado pelo mesmo. Essa diferenciação entre demanda e desejo para a psicanálise e para a medicina é fundamental na transferência, conceito da psicanálise importante para abordar a relação pacientes/profissionais, que detalharemos à frente, com o sentido do sintoma para cada área. O paradigma da ciência demarca efeitos sobre a medicina, estruturando eixos desse avanço biotecnológico. A pauta vigente passa a ser a universalidade que se coloca na contramão da singularidade (cf. Lacan, 1966/2001).

Neste capítulo veremos que a transformação ocorrida na prática clínica da medicina tem ligação com as próprias mudanças que se verificam na concepção de ciência. Iremos localizar observações da psicanálise à medicina científica, ainda que os discursos se configurem avessos um ao outro, dentro de um cenário ético. Debateremos as noções de normal e de patológico que definem ações e concepções diferenciadas no campo da saúde. A psicanálise interroga a ciência moderna, especialmente a medicina, desde a sua origem nas descobertas de Freud que, ao investigar os sintomas neuróticos, foi conduzido a enfatizar a narrativa dos seus pacientes para além dos fatos objetiváveis ou observáveis nos corpos. Como ressalta Lacan (1961-62, inédito, lição de 07/03/1962), a experiência inaugural de Freud constatou que o sujeito se engana. E isso interessa exclusivamente pelo fato de que pode ser dito, o que se demonstra infinitamente fecundo por colocar em questão o que é que o sujeito toma como sua realidade: aí a aparência salta aos olhos como realidade, ela não é apenas um parasita que conduz ao erro. Ao reduzir esta aparência à função de ilusão, desvia-se desta realidade que este artifício é feito para mostrar. Exemplo disso seria reduzir uma pessoa ao ponto de vista científico, considerando-a um aglomerado de "albuminoides", o que não está de acordo com o mundo de sentimentos e concepções relacionados a tal pessoa. Esse engodo é, na verdade, sua própria realidade subjetiva, e não um erro objetivo.

Pois bem, as noções de sintoma e de transferência compõem essa discussão entre a medicina e a psicanálise que configuram dois domínios que não possuem uma medida comum, mas, sim, apresentam e lidam com as evidências de incidências distintas da singularidade humana. Finalizaremos trazendo à tona a parceria da psicanálise com a medicina, tal como pode se atualizar na clínica da psicologia hospitalar, considerando o conceito de transferência.

O NORMAL E O PATOLÓGICO PARA A MEDICINA

No século XVII, o nascimento da ciência moderna caracterizou uma transição: a visão baseada no saber racional, na contemplação da realidade e na apreensão dos fenômenos pelos sentidos deu lugar a uma visão de mundo mais ampla, com o universo aberto e infinito, governado por leis igualmente universais. Assim, a antiga contemplação se diferencia do experimento que caracteriza a nova ciência. Oliva (2003) nos apresenta uma definição para a ciência moderna:

> Uma teoria científica deve ser definida como um conjunto de enunciados de tal forma integrados que subsistem entre relações logicamente organizadas de consequências e, em se tratando de ciência empírica, relações de correspondência com a "realidade" (estado de coisas) com vistas a descrever com fidedignidade, prover explicações seguras e fazer predições confiáveis (p. 21).

Koyré (1959/1986), em seu levantamento histórico e conceitual da ciência, afirma que Galileu inaugura o método de experimentação da ciência moderna ao interrogar metodicamente a natureza. Não basta observar o que se vê, é preciso formular uma pergunta, além de decifrar e entender as respostas. A linguagem universal que marca a ciência moderna é a da matemática, que aplica as leis da medida ao experimento. Assim, o empírico e o matemático tornam-se traços característicos. Se o homem da Idade Média contemplava a natureza através dos sentidos, o homem moderno busca dominá-la. Tal revolução no pensamento científico constituiu verdadeira ruptura ou destruição de uma concepção de mundo, dando elementos, consequentemente, para sua substituição (cf. Koyré, 1973/1985).

A tese de Canguilhem, defendida em 1943, sobre o normal e o patológico é uma importante contribuição para essa discussão. Ele pontua que datado do século XVIII, mais precisamente de 1759, o termo *normal*, etimologicamente do grego *nomos* e do latim *norma* (lei ou meio-termo), ressurge no capitalismo. Em vez de postular a existência do patológico, Canguilhem (1943/1995) considera que o caráter patológico só pode ser apreciado numa relação. Assim, por exemplo, no caso do envelhecimento, uma pessoa sadia apresentaria a capacidade de adaptação ou de reabilitação das suas dificuldades orgânicas que vão se intensificando com o avanço da idade cronológica, diferentemente de outra pessoa que não demonstre tal habilidade. Dessa forma, a norma tende a ser sempre individual e sempre relativa a um limite máximo de cada indivíduo: o que seria normal para um pode não ser para outro. Inclusive, tal média ou norma implica uma variação no mesmo sujeito, ou seja, o que é normal para um indivíduo em um dado momento pode não ser em outro:

> Não se trata absolutamente de dispensar os médicos de estudar a fisiologia e a farmacodinâmica. É muito importante não confundir a doença com o pecado nem com o demônio. Mas só porque o mal não é um ser não se deve concluir que seja um conceito desprovido de sentido, ou que não existam valores negativos, mesmo entre os valores vitais; não se pode concluir que, no fundo, o estado patológico não seja nada mais que o estado normal (CANGUILHEM, 1943/1995, p. 78).

Para esse filósofo, a cura não implica necessariamente a saúde do indivíduo. A clínica irá dizer qual terapêutica poderá fazer o sujeito se sentir normal. Se até o século XIX, o médico buscava restabelecer o estado vital do paciente, perturbado pelo acontecimento da doença, nos anos seguintes, ele passa a decidir sobre fatores genéticos e sobre quais seriam os padrões de normalidade. Nessa perspectiva e aproximando a questão de um debate ético, o médico, no século XX, passa a ter um poder sobre a vida que deve ou não ser interrompida, como, por exemplo, nos casos do chamado "aborto terapêutico". Tal medida se legitimou na medicina de alguns países ocidentais a partir de uma determinada época, sendo geralmente indicada quando o bebê apresenta uma doença não passível de ser corrigida (Canguilhem, 1943/1995). Isso também foi praticado no Brasil e buscava ainda proteger a saúde da mulher, quando o seguimento de uma gestação configurava risco maior para a mãe.

A própria eugenia significava a criação de uma sociedade sem diferenças, visando elevação crescente do nível intelectual. O debate ético que surge nessa época denuncia o risco disso se configurar uma verdadeira política genética, tal como projetado na ficção de Huxley (1932/1992), *Admirável mundo novo*. No mundo fictício criado por esse autor não existe médicos nem enfermos: todos são normais, não pelas diferenças individuais, mas pela existência de uma norma única que não permite a doença. Mas, ao longo do tempo, tal norma se configura patológica.

O pensamento de Canguilhem (1943/1995) caracteriza os seres humanos como normais patológicos. O sujeito normal é aquele que ao se sentir adoecer deve ser capaz de afastar tal doença, de enfrentar a doença que se manifesta:

> Assim como há um seguro psicológico que não representa presunção, há um seguro biológico que não representa excesso, e que é saúde. A saúde é um guia regulador das possibilidades de reação. A vida está habitualmente aquém de suas possibilidades, porém, se necessário mostra-se superior à sua capacidade presumida... Se há inflamação é porque a defesa anti-infecciosa é, ao mesmo tempo, surpreendida e mobilizada. Estar em boa saúde é poder cair doente e se recuperar; é um luxo biológico (CANGUILHEM, 1943/1995, p. 160).

Michel Foucault (1976/1988), quando ainda era aluno de Canguilhem, buscou aprofundar tal pensamento do mestre, defendendo a não existência de uma patologia objetiva. Foucault (1976/1988) sustentou uma diferença essencial entre o que seria chamado de "conflito normal" e o "absurdo patológico". Para ele, o "conflito normal" de cada sujeito perturba profundamente sua vida afetiva a partir do mundo externo, com grande possibilidade de ocorrerem angústias e culpas. Entretanto, o "absurdo patológico" é alimentado por contradições, pela ambivalência na experiência interna do sujeito, em sua história patológica circular da qual o sujeito se defende, o que só faz aumentar a sua ansiedade.

Até o fim do século XVIII, Foucault (1980/2004) descreve a medicina dedicando-se muito mais à saúde do que à normalidade. É nos últimos anos do século XVIII que nasce a medicina moderna, trazendo novos modos de abordar o contexto.

O NASCIMENTO DA MEDICINA MODERNA

A medicina moderna inaugura uma nova clínica, pontua Foucault (1980/2004). O rendimento e saúde individuais tornam-se elementos indispensáveis ao bom andamento da engrenagem social vigente, marcada pela norma capitalista. A medicina do século XIX passa a investigar, assim, o funcionamento normal, buscando sinais ou indicadores de desvio onde o indivíduo se perdeu ou teria se afastado de um melhor caminho. O autor ainda alerta que as concepções de saúde refletem os valores sociais dominantes da cultura e da época. A cultura biomédica que se baseia nos conceitos de sofrimento, morte e doença não favorece ao estudo ou investigações sobre o antagonismo conceitual presente no conceito de saúde.

Em relação à saúde, Canguilhem (1943/1995) destacou a capacidade de cada indivíduo de ultrapassar crises orgânicas para instalar uma nova configuração ou reequilíbrio fisiológico para si mesmo. A famosa expressão "são e salvo" tem ligação com o percurso etimológico que aponta o termo saúde, do latim *sanus* e do grego *sáos*, significando o que é íntegro, bem conservado ou seguro. Para Canguilhem (1943/1995), a saúde foi abordada na história como não apreensível ou não pertencente ao campo da razão ou da ciência. Uma mesma pessoa poderia ser considerada normal em um determinado contexto, onde se espera determinadas capacidades, mas, em outro, ser apontada como disfuncional ou incapaz. Ele explica que a palavra *valere,* que deu origem a *valor*, significa, em latim, *passar bem*: "A saúde é uma maneira de abordar a existência com uma sensação não apenas de possuidor ou portador, mas também, se necessário, de criador de valor, de instaurador de normas vitais" (p. 163).

Canguilhem (1943/1995) também coloca na dimensão da saúde a possibilidade de ir contra uma norma, de transformar-se; poder adoecer para sair desse contexto de enfermidade. O critério adotado por ele é o da universalidade, no sentido em que todos podem adoecer, mesmo admitindo a singularidade na superação de uma doença. Nesse sentido, o patológico pode ser entendido como o que não se altera ou o que não abre espaço às mudanças e, portanto, implica em uma obediência radical e cega. Tal pensamento questiona o conceito de saúde do século XIX, enquanto uma adaptação normativa ou modelo padronizado. Assim, as normalidades, no plural, são consideradas, e a saúde fica relacionada à maneira pela qual o indivíduo lida com os eventos de sua existência. Embora haja influências do biológico nessa forma de lidar com os fatos da vida, ele não determina o resultado.

Por sua vez, Foucault (1980/2004) enfatiza que a clínica médica se baseia no olhar que busca constituir seu objeto por meio da observação e da descrição. Na verdade, tal clínica se caracteriza especialmente pela pesquisa de uma possível correlação entre olhar e dizer. Desde a sua constituição, trata-se de uma clínica que busca uma passagem do visível ao enunciável. A clínica médica estaria fundamentada num olhar que possa ouvir, num olhar que também seja uma linguagem:

> O olhar se realizará em sua verdade própria e terá acesso à verdade das coisas, se coloca em silêncio sobre elas; se tudo se cala em torno do que se vê. O olhar clínico tem esta paradoxal propriedade de ouvir uma linguagem no momento em que percebe um espetáculo (FOUCAULT, 1980/2004, p. 118).

O quadro clínico de um enfermo é ao mesmo tempo visível e legível; e o olho clínico examina o corpo, a disfunção orgânica e a patologia. O olho clínico permite registrar, totalizar, distinguir ou classificar o que foi apreendido, mas, ao mesmo tempo, "o olhar que observa se abstém de intervir: é mudo e sem gesto" (cf. Foucault, 1980/2004, p. 117).

A ABORDAGEM CIENTÍFICA DA MEDICINA: O LUGAR DO SINTOMA

As ideias de Canguilhem e de Foucault chegam a se contrapor na medida em que o primeiro destaca a norma e, o segundo, afirma que a normativa da saúde é uma invenção da sociedade moderna. Isso demarca direções diferenciadas na abordagem do enfermo e nas decisões médicas. Foucault (1980/2004) pontua que a caracterização de científica atribuída à medicina no século XIX, a universalização e o positivismo nas pesquisas influenciaram radicalmente a prática médica desde então.

Na atualidade, os procedimentos de alta complexidade no campo da medicina exigem, em geral, a implicação de diversos especialistas, visando um modo de assistir aos enfermos que atinja respostas mais objetivas, provenientes de evidências e a tempo para alguma intervenção. Tais procedimentos de ponta, progressivamente atrelados às máquinas e químicas, configuram-se, com frequência, disparadores do desconforto observado nas relações, na medida em que exigem alterações significativas das posições e condutas dos sujeitos e grupos ou banalizam e eliminam a subjetividade dos envolvidos. Os programas e projetos de clínica "ampliada" e ou "humanizada"[7]

7 Por exemplo: Projetos de clínica ampliada (clínica do cuidado multiprofissional) no SUS – Sistema Único de Saúde e do PNH – Programa Nacional de Humanização do Ministério da Saúde no Brasil.

implantados em todo o país nas instituições de saúde tendem a funcionar como respostas ou tentativas de minimizar os efeitos danosos da primazia da técnica revelados nos protocolos de avaliação e de tratamento às comunidades. A criação e sustentação desses programas parecem sinalizar que, em nome do desempenho tecnocientífico da medicina, algo fica restrito ou descaracteriza a relação de confiança entre profissionais e pacientes.

Nessa lógica da assistência em saúde geral, a prática e o discurso da ciência médica orientam os tratamentos: a cada sintoma bem isolado corresponde um protocolo de procedimentos e ações que se concentram para a superação dos mesmos e o restabelecimento da saúde orgânica dos pacientes. No entanto, quando um impasse subjetivo compromete o plano de cuidado técnico ao paciente, invariavelmente uma determinada escuta clínica se faz necessária, ora para localizar e diluir tal impasse, considerando que o mesmo poderia impedir o bom funcionamento orgânico, ora para contribuir nas decisões dos profissionais pelas melhores estratégias de cuidado e tratamento em cada caso. Ou seja, o chamado por uma intervenção psicológica vem atravessado pelo raciocínio da eficácia dos procedimentos. Destaca-se que, em relação a esse raciocínio dos entraves relativos à técnica, a perspectiva da psicanálise é a de tentar diferenciá-los de sua relação com o sujeito, na medida em que não está comprometida com o mero gozo da técnica, mas com o paciente. Não se trata apenas do procedimento realizado, mas da particularidade e do contexto dos sujeitos envolvidos na situação clínica.

Constatamos que o "olhar positivo", enfatizado por Foucault (1980/2004), está na construção de um novo saber sobre a doença e sobre o corpo que foi se estabelecendo no campo científico:

> Positivo deve ser tomado aqui em sentido forte. A doença se desprende da metafísica, mal com quem, há séculos, estava aparentada, e encontra na visibilidade da morte a forma plena em que seu conteúdo aparece em termos positivos. [...] Foi quando a morte se integrou epistemologicamente à experiência médica que a doença pôde se desprender da contranatureza e tomar corpo no corpo vivo dos indivíduos (p. 216-217).

A soberania do olhar nas descobertas da anatomia patológica, que permitiu desvendar e descrever de forma precisa inúmeras enfermidades, foi transformador e vemos seus efeitos na era do diagnóstico por imagem. O médico em sua ação passa a ser submetido a um rigor científico, implicando em uma prova. Os fatos tornam-se mais importantes que a narrativa de seu paciente. E nenhum discurso pode perturbar os dados observados na doença e suas diretrizes comprovadas de tratamento. Nesse contexto, questões jurídicas passam a compor de forma marcante as relações na saúde. O médico está também sob o risco de desviar-se de uma situação preconizada e recomendada, o que pode lhe custar penalidades, até mesmo suspensões em seu exercício[8].

Nessa direção, o sintoma ganha ênfase enquanto evidência e é também componente das intervenções. Podemos afirmar que o sintoma para a medicina fica relativo à noção do equilíbrio e da harmonia. Há o objetivo a ser alcançado diante do sintoma, visto que ele é aquele que quebra ou que perturba a harmonia de um corpo que deveria funcionar bem (cf. Foucault, 1980/2004).

O CONTRAPONTO DO SINTOMA EM PSICANÁLISE

O termo sintoma contém o radical *sin* que significa síntese, reunião, conjunto, ou aquilo que coincide e que vem junto. Etimologicamente[9] vem do latim antigo e significa cair. O radical *sint* também sinaliza índice, presságio e a operação mental que procede do simples para o complexo. Na psicanálise, o sintoma faz coincidir, a despeito da impossibilidade de justaposição, os sentidos de *interdição* e de *satisfação*. A leitura dos textos freudianos nos apresenta o conceito de sintoma inicialmente vinculado a um acontecimento traumático, porém, com algumas mudanças, passou a mesclar a *restrição* com a *satisfação*, aparecendo, portanto, como manifestação de um conflito psíquico. Nesse sentido, o sintoma freudiano é a expressão de uma realização de desejo e realização de um *fantasma* inconsciente, servindo para realizar o desejo. Também está presente a ideia da vivência de uma *satisfação*[10] que encontrava-se há algum tempo *recalcada* ou reprimida. A ideia do sintoma como uma "formação de compromisso" [11] bem como sua função de mensagem passam a ser temas de investigação de psicanalistas posteriores. A função que o sintoma carrega de ser mensagem do inconsciente implica no mal-estar que ele provoca, uma *satisfação pulsional*. A leitura de Lacan (1975-76/2008)

---

8 As resoluções com recomendações ou protocolos diagnósticos e/ou terapêuticos não seguidos podem ser denunciados por seus próprios pacientes ou pares a órgãos que fiscalizam a classe.

9 Cf. Gómez de Silva, G. *Breve diccionário etimológico de la lengua española*, 1995, p. 643.

10 Cf. Hanns, L. *Dicionário comentado do alemão de Freud*, 1996, p. 405.

11 Cf. Chemama, R., *Dicionário de psicanálise*, 1995, p. 203.

acrescenta ao sintoma o sentido de *invenção*. A *interdição*, especificamente configurada pela castração, é o "ser do sintoma", seu núcleo é envolvido ou embrulhado pelo "envelope formal do sintoma" (Miller, 1987). Tal envelope pode ser entendido como um invólucro significante. A fidelidade ao "envelope formal do sintoma" retorna em seu limite, em efeitos originais e de criação quando o sujeito se vê pressionado a fazer algo (inventar) com o seu sintoma (cf. Lacan, 1975-76/2007).

Os eixos do sintoma seriam esse *núcleo da castração*, que abarca o sofrimento, e a *mensagem ao Outro*, que abre a uma decifração. Assim, enquanto freudianamente o sintoma é algo a ser decifrado, na concepção lacaniana, o sintoma é o que as pessoas possuem de mais real, o sintoma vem do real, retorna e faz parte do real, não havendo como se curar ou erradicar-se dele. Por isso mesmo, ele está associado às noções de *gozo* (repetição, aquilo que insiste) e de *invenção* (cf. Lacan, 1975-76/2007). A ideia de *real* também deve ser diferenciada nessa interface com a medicina, visto que, para a psicanálise lacaniana, o *real* não coincide com a realidade concreta, mas trata-se do inapreensível, do que não pode ser representado ou discernido simbolicamente. É a insistência de algo presente e que retorna incessantemente, mas mantendo-se indiscernível; portanto, ele trabalha contra a própria existência do sujeito, embora participe dela. Freud (1900/1987) apresentou, no final do século XIX, ideias que ganhariam o estatuto de psicanálise Sua experiência anterior com a hipnose junto a Jean-Martin Charcot (1825-1893), e seus estudos sobre a histeria com o método catártico de Breuer (1893-95/1987), levaram-no à escolha decisiva de sustentar um lugar junto aos pacientes na *transferência*. Numa direção diversa da padronização científica, o então neuropatologista ressaltava que a consciência não teria a primazia que a medicina de sua época destacava. No *Projeto para uma psicologia científica*, Freud (1895/1987) denominou de *proton pseudos* a "primeira mentira" da histeria, discutindo o caso da paciente Emma. A mentira em questão é ligada à origem dos sintomas. As primeiras constatações freudianas foram as de que os conflitos psíquicos poderiam interferir no funcionamento orgânico ou fisiológico. Nos casos clínicos da Srta. Elisabeth Von R. e da Srta; Rosalia H., Freud (1893/1987) avança com as noções de simbolização [do sintoma] por meio de expressão verbal, e elabora que pela fala cada uma teve a dor ou o sintoma corporal desfeitos (p. 187). Os sintomas neuróticos, descritos por Freud, apresentavam a dificuldade de se obter a explicação da medicina científica pela base anatomofisiológica. Para publicar *A interpretação dos sonhos*, Freud (1900/1987) percorre um longo caminho até afirmar que "o sonho é a realização de um desejo" (p. 141). Entretanto, mal encontrava uma resposta frente ao sofrimento das pacientes histéricas que lhe procuravam, novos impasses surgiam sobre a fonte ou a natureza dos esquecimentos e distorções presentes nos relatos dos sintomas e dos sonhos. A psicanálise passa a se ocupar cada vez mais intensamente da relação entre algo que opera e age sobre o sujeito, ainda que ele não tenha consciência ou esclarecimento do que realmente seja. O descentramento apontado por Freud (1926/1987) subverte o sujeito da razão do modelo cartesiano. Em sua interlocução com a medicina, a psicanálise apresenta outra forma de abordar o corpo, diferenciando-o como corpo erógeno, marca particular de cada sujeito. Nesse sentido, o sintoma para a psicanálise se diferencia radicalmente do sintoma médico. Na direção da psicanálise tudo muda, pois a referência não é de determinada harmonia que seria destruída pelo sintoma. No sintoma analítico, que tem a estrutura de ficção, há a criação de um *ser de saber* ali onde a verdade lhe está vetada.

Jacques Lacan (1974/1993), dando seguimento às investigações de Freud, afirma que é o sintoma que estabiliza o sujeito, vivificando o laço possível entre o sujeito e o Outro: "O sujeito é feliz. Eis justamente sua definição dado que ele só pode tudo dever à sorte, à fortuna, dizendo de outro modo, e que toda sorte lhe é boa para o que o mantém, ou seja, para que ele se repita" (p. 45).

Diferentemente da medicina, a psicanálise fica na posição de se dedicar a investigar questões que as outras áreas não se propõem. Sabemos que cada discurso tende a investigar e questionar aquilo que está dentro de seu campo possível ou lógica aceitável de respostas. Entretanto, a impossibilidade de se manter a harmonia no sujeito tem ligação com um menos, com esse resto irredutível inerente a cada um, que é o real com o qual a psicanálise opera. Por isso, o sintoma entra como via de relação com o Outro. A psicanálise opera com o que supostamente falha, positivando o que é considerado pelos ideais imaginários de totalidade como fracasso.

Márcio Peter Leite (1998) aborda o pensamento lacaniano e o "doutrinal da ciência" argumentando que a *Letra* possui duas dimensões: a de suporte material do significante para a psicanálise e a do fato que é literalmente escrito. Literalizar, diz esse autor, é possibilitar a leitura de um fato transformado em *Letra*, enquanto matematizar envolve articular os fatos que estão escritos. Esses dois movimentos são cruciais na psicanálise lacaniana. Nesse sentido, pelo doutrinal[12], a ciência não é toda, ela não consegue dizer toda

12 Cf. Leite, M. P. S. (1998). Lacan e o doutrinal da ciência – literalização e matematização. Disponível em: www.marciopeter.com.br/links/ensino/letra/4_aula.pdf

a verdade, pois não é inteiramente comprovada, tal como a incompletude discutida no teorema de Gödel (Gödel & Lourenço, 1979). Já Boaventura dos Santos (1987/1996) destaca o caráter da especialização, típica do paradigma dominante, num exemplo médico:

> Os males desta parcelização do conhecimento e do reducionismo arbitrário que transporta consigo são hoje reconhecidos, mas as medidas propostas para corrigi-los acabam em geral por reproduzi-los sob outra forma. Criam-se novas disciplinas para resolver os problemas produzidos pelas antigas e por essa via reproduz-se o mesmo modelo de cientificidade. Apenas para dar um exemplo, o médico generalista, cuja ressurreição visou compensar a hiper-especialização médica, corre o risco de ser convertido num especialista ao lado dos demais. Este efeito perverso revela que não há solução para este problema no seio do paradigma dominante e precisamente porque este último é que constitui o verdadeiro problema de que decorrem todos os outros (p. 17).

E, frente à ciência pós-moderna, Boaventura dos Santos (1987/1996) defende o exercício da prudência e da insegurança:

> A ciência pós-moderna, ao sensocomunizar-se, não despreza o conhecimento que produz tecnologia, mas entende que, tal como o conhecimento se deve traduzir em autoconhecimento, *o desenvolvimento tecnológico deve traduzir-se em sabedoria de vida*. É esta que assinala os marcos da prudência à nossa aventura científica. *A prudência é a insegurança assumida e controlada*. Tal como Descartes, no limiar da ciência moderna, exerceu a dúvida em vez de sofrê-la, nós, no limiar da ciência pós-moderna, *devemos exercer a insegurança em vez de sofrê-la* (p. 21 – itálicos nossos).

Enfim, desdobrando a ideia e o lugar do não completo e da falha da ciência, em sua conferência no *Collège de Médecine*, na Salpêtrière, Lacan (1966/2001) introduziu a "falha epistemo-somática" como uma falha no saber, aquilo que fica fora do discurso da ciência, mas retorna na clínica médica numa dimensão subjetiva. Porém, a percepção de algo subjetivo perturbando ou até impedindo os protocolos médicos não implica em sua subjetivação (Lacan, 1966/2001). A originalidade freudiana foi a de situar um modo de lidar com os fenômenos que não cabem na engrenagem anatômica, sem, entretanto, prescindirem de um corpo. Há algo vivo que *fala* nesse corpo, e, se fala, não fala tudo, fala pela metade e, dessa maneira, *falha*. Lacan (1969-70/1992) define a função de enigma por esse semi-dizer: "Creio que vocês vêem [*sic*] o que aqui quer dizer a função do enigma – é um semi-dizer, como a Quimera [esfinge] faz aparecer um meio-corpo, pronto a desaparecer completamente quando se deu a solução" (p. 37).

A EVIDÊNCIA NA MEDICINA E NA PSICANÁLISE

No contexto que estamos discutindo do paradigma dominante na ciência, a medicina baseada em evidências (MBE) é um movimento iniciado na década de 90, mais próximo da epidemiologia clínica anglo-saxônica, afirma Castiel (1999). Nessa perspectiva, o estudo recaiu sobre as eficácias diagnósticas e terapêuticas acerca dos procedimentos que compõem a prática médica. Diante de sua filiação com o campo "tecnobiocientífico", a MBE foi definida como o processo de sistematicamente descobrir, avaliar e usar os achados das investigações como base para as decisões clínicas da prática médica (cf. Castiel, 1999). A MBE teria como objetivo central aproximar o conhecimento científico e teórico da sua aplicação prática, servindo como um suporte fundamental para os processos de diagnóstico e de tratamento e para a tomada das decisões que melhorem a atuação profissional (cf. Novaes, 1999).

Novaes (1999) detalha que a MBE se constrói a partir do desenvolvimento inédito de dispositivos e processadores de informações, favorecendo estudos e análise de dados obtidos via protocolos de pesquisa multicêntricos. Os ideais de eficácia, eficiência, efetividade e legitimidade passam a compor definitivamente esse contexto da MBE, com estudos envolvendo um número cada vez maior de casos, buscando a generalização dos resultados (*padrão-ouro*). Os achados dentro do *padrão-ouro* envolvem, geralmente, os ensaios clínicos controlados e tendem a servir de eixo para a elaboração de *guidelines* (manuais) para a melhor prática profissional de forma legítima. Tudo isso é cumprido para os estudos serem aceitos como verdadeiros pelos profissionais, tornando-se elementos de apoio para a melhor decisão diagnóstica e terapêutica. Essa abordagem busca, enfim, produzir o conhecimento de forma sólida sobre as enfermidades e seus métodos de prevenção, diagnósticos e tratamentos, além de manter a atualização constante dos estudos de base para se conseguir manter o poder de influência sobre os médicos. Por tudo isso, a MBE pode receber também o nome de um imenso processo de educação continuada dos médicos (cf. Novaes, 1999).

Apesar dos benefícios indiscutíveis – quando, por exemplo, evita procedimentos desnecessários ou iatrogenia, além de validar outros comprovadamente eficazes –, a MBE vem promovendo debates e resistências pelo caráter imperativo da objetividade, que tende a uniformizar números tão elevados de sujeitos das amostras comparadas. É nesse sentido que argumentamos que a MBE pode calar os pacientes para que os números falem. Para Castiel (1999), a MBE baseia-se na díade informação-tecnologia e seu ciclo produtivo cartesiano busca evidenciar os achados obtidos com os estudos. Tal abordagem explicita ou descreve muitas coisas, mas torna-se incompleta quando focamos a subjetividade. Nesse circuito, as questões subjetivas não podem ser consideradas, visto serem inadequadas e/ou perturbarem o raciocínio da suposta análise neutra dos estudos científicos e seus resultados. De acordo com Castiel (1999), nessa perspectiva, a medicina não lida com a dimensão do sofrimento embutido no processo de adoecer, visto que isso não se configura mesmo como seu foco ou propósito. Apesar do ser humano ser falante e narrativo, essa parte subjetiva não é discutida ou desenvolvida criticamente numa medicina que se abastece de certezas, onde o traço ou o particular de cada caso não estão em questão. O que tem ocorrido com frequência é o predomínio de um modo cético de intervir, visando o controle dos aspectos subjetivos que, entretanto, permanecem no interior do campo como efeito psicofisiológico ou o conhecido *placebo*[13] (Castiel, 1999).

Do lado da psicanálise, apresentaremos as afirmações de Éric Laurent (2007) que nos pareceram bastante esclarecedoras dessa interface com a medicina, expostas em uma conferência realizada em Belo Horizonte, como parte da programação do projeto *Sentimentos do Mundo*, da Universidade Federal de Minas Gerais/UFMG[14]. A conferência de Laurent ocorreu no dia 1º de agosto de 2007 e foi proferida na Faculdade de Medicina, encontrando um público heterogêneo, em sua maioria, profissionais das áreas da saúde e da psicanálise. As ideias trazidas por Laurent marcaram efeitos de causa de desejo ou desejo de saber mais, mobilizando os profissionais para a concretização de investigações acerca da prática clínica no campo psíquico em andamento em alguns setores do Hospital das Clínicas da UFMG, como por exemplo, estudos do Serviço de Psicologia.

Para responder à interrogação do que seria a evidência pertinente à psicanálise, Laurent (2007) assevera que a psicanálise se ocupa de uma evidência que escapa ao protocolo universal. Para esse psicanalista, há três pontos de domínio da articulação entre psicanálise e medicina: a) *os fenômenos que procedem do campo da palavra*; b) *os fenômenos do corpo*; e c) *os paradoxos do uso do medicamento*.

---

13 Efeito *placebo*: "Fenômeno em que indivíduos submetidos a intervenções sem efeito em ensaios clínicos manifestam melhoras, quando comparados a pacientes que não foram tratados" *(REIS & REIS, 2016, p. 1291)*.

14 Conferência "Psicanálise e medicina baseada em evidências". Faculdade de Medicina da Universidade Federal de Minas Gerais. *Projeto Sentimentos do Mundo* (UFMG). Inédita. (comunicação pessoal em 01/08/2007).

Detalharemos cada um à luz do que foi apreendido de sua conferência:

a) Sobre *os fenômenos do campo da palavra*, Laurent (2007) aponta que eles são difíceis de se reduzir na série estatística dos protocolos. Por exemplo, no episódio de um estudante que matou cinco professores e vários colegas em uma universidade dos Estados Unidos[15], algum tempo antes da tragédia, esse jovem fora atendido por um psiquiatra e outros profissionais que se ocuparam em examinar suas funções cognitivas (afeto pobre, denegação de ideias suicidas, julgamentos bons em geral, dentre outros achados). A síntese do parecer foi que o tratamento psiquiátrico não seria algo tão imediato. Porém, um professor de literatura denunciou que o aluno tinha distúrbios, que suas ficções eram temerárias. Mas, de fato, nada chegou a ser feito para responder à particularidade dos sintomas desse rapaz, visto que ele recebeu inúmeros diagnósticos pelos exames e testes aos quais se submeteu, mesmo que suas respostas não se encaixassem na linha padrão de nenhum deles: "A grande dificuldade é a de responder ou compreender o que se escuta" (Laurent, 2007).

Laurent (2007) continua seu raciocínio citando uma das pesquisas, dentro de uma série que se iniciou nos Estados Unidos, que comparava psicoterapias. Ocorreu equivalência nos resultados das diferentes psicoterapias que utilizam a palavra. Mas o que seria isso? A "expertise francesa" estaria sendo avaliada? Laurent (2007) pontua que existem jogos sem perdedores, mas essas pesquisas manifestam uma necessidade autoafirmativa de "querer" concluir acerca da eficácia das terapias cognitivas comportamentais (TCC) sobre a psicanálise. Tais pesquisas explicitam uma vontade de ir além de todos os vereditos de um vencedor ou perdedor para as terapias que utilizam a palavra. Há impasses em padronizar a avaliação randomizada (um caso acaso) para as pesquisas de todas as áreas e muitos resultados não são interpretáveis pelos próprios médicos: por exemplo, no caso de suicídio de adolescentes e de idosos. Com o aumento mundial da medicação antidepressiva entre adolescentes, aumentou a tendência de passagem ao ato e, consequentemente, a elevação da taxa de suicídio entre eles (cf. Laurent, 2007). As meta-análises seguidas se contradizem, com o risco de se produzir

15 Laurent comenta o caso do estudante Cho Seung-hui, ocorrido em 16/04/2007, e que ganhou destaque na mídia mundial naquele ano. O estudante da Universidade Estadual da Virginia tirou a vida de 32 pessoas, ferindo, pelo menos, outras quinze. Quando cercado pela polícia, cometeu suicídio. Disponível em: https://pt.wikipedia.org/wiki/Massacre_de_Virginia_Tech#Cho_Seung-hui

e divulgar provas, mas sem interpretação criteriosa. Isso gera grande angústia nos médicos que, diante do seu julgamento, se perguntam se podem ou não prescrever antidepressivos.

Ocorre um impasse particular nesse contexto das reduções estatísticas, com uma gradativa transferência de responsabilidade sobre a evolução de certos casos para o psicoterapeuta ou psicanalista, alerta Laurent (2007). E, diante da complexidade do real em nossa modernidade (real inapreensível, sem lei[16]), ficam várias interrogações: como medir as situações que não são reproduzíveis em laboratório?; como interpretar o real, a não ser nessas experiências reduzidas?; quais seriam os usos possíveis desse tipo de redução? (cf. Laurent, 2007). Uma primeira consequência geral das reduções está ligada à atribuição autoritária, o que fere o direito do sujeito de querer saber e seu direito de escolher (cf. Laurent, 2007). Tal empenho em calcular uma medida ideal, que sirva para o máximo de pacientes, dispara esse processo de padronização ou universalização das recomendações para as melhores práticas e intervenções médicas. Mas podemos observar as dificuldades associadas nesse ponto.

b) Sobre *os fenômenos do corpo*, o destaque de Laurent (2007) é para a não possibilidade de reduzi-los, transformando o corpo em organismo. Eles estão sempre além dessa tentativa. Abrimos parênteses nesse percurso apresentado por Laurent (2007) para, de acordo com esse eixo na articulação da medicina com a psicanálise, destacarmos o lugar do corpo e os fenômenos que podem se apresentar ao sujeito, levando-o a se colocar em determinadas situações na relação com um médico.

Anne Marie Moulin (2006/2009) aborda a história do corpo na medicina, afirmando que, do século XX em diante, temos uma medicalização do corpo sem precedentes. Com o seu saber descritivo e científico, a medicina, mais que eliminar, acabou por pulverizar as doenças. Os atos da vida diária passaram a ser enumerados e enquadrados, dando origem a todo tipo de guia de condutas e recomendações para a boa saúde e certeza de longevidade. As inovações – desde a anatomia patológica, o raio-X e outros exames químicos e de imagem – foram esquadrinhando o corpo humano de tal forma que tornou-se inevitável a invasão da autonomia, da privacidade, dos modos de reprodução e das formas de morrer dos sujeitos. As instâncias religiosas e jurídicas passaram a acompanhar os crescentes excessos de uma medicina

16 O real "sem lei" pode ser identificado ao imprevisível como aquilo que insiste enquanto indiscernível, aquilo que "não cessa de não se escrever" (Miller, J. A. (2002). O real é sem lei. *Opção lacaniana*, *34*, 7-16.

que avança para a pós-modernidade, cuja perspectiva converge para o projeto utópico de Descartes: "cada um vai ser o médico de si mesmo" (Moulin, 2006/2009, p. 82).

Retomando Laurent (2007), na psicanálise, há muito tempo lidamos com estudos prospectivos. São estudos de casos acompanhados por longa data. O uso pulsional do objeto oral, por exemplo, na bulimia ou na anorexia, é efeito da contaminação imaginária e do autoerotismo. Não se trata de um efeito mimético, como sinalizou uma pesquisa americana, que afirmou que as pessoas que convivem com obesos ficarão obesas também. Laurent (2007) nos alerta para o fato de que o uso que cada um faz de seu corpo é algo bem particular. Nesses transtornos alimentares, o sujeito não encontra um regulador que se apoie em sua fala e as intervenções sobre o corpo tendem a ser mais difíceis na anorexia. A psicanálise faz um uso estrito da fala que, sendo a sua ferramenta, pode constituir-se como modo de regulação suplementar para lidar com os impasses clínicos que não se submetem ou não se explicam nos achados científicos. No caso da obesidade – que pode se aplicar facilmente a outras áreas, especialmente aqui em nosso tema da ginecologia e da reprodução medicamente assistida – alguma nova intervenção ou técnica pode ganhar estatuto de solução rápida e mágica. Mas fenômenos aleatórios tendem a aparecer e poderão ser considerados pelo médico, enfermeiro e psicanalista, sugere Laurent (2007).

Sabemos que, ainda que fique notória a necessidade de que um paciente passe a ser "olhado" também por outros profissionais, incluindo psicólogos, nem todos aceitam vivenciar essa experiência, ainda que seja por pouco tempo. Dentre outros impedimentos, na maioria das vezes, é com os médicos, os enfermeiros ou outros profissionais que não pertencem ao campo da psicologia que cada paciente poderá falar, se tiver oportunidade, sobre a forma como vem lidando com o próprio corpo. Vale destacar que esses fenômenos aleatórios, em nosso entendimento, não serão acolhidos da mesma forma por médicos, enfermeiros e psicólogos, sejam eles profissionais afeitos ou não à psicanálise. Enquanto presença física real de um discurso no contexto institucional da saúde e da assistência, o psicanalista pode promover efeitos de multiplicação imponderáveis. Entretanto, a prudência se mantém necessária ao discutir esse detalhe da interface entre psicanálise e medicina envolvendo o corpo. Pois também é com seu corpo que o profissional pode sustentar uma posição na instituição junto aos pacientes. Essa é uma posição atravessada pela missão com a qual deu se entrada à instituição, não podendo escapar das inconsistências e armadilhas que se ligam a tal tarefa. Sobre a prudência, interrogamos juntamente com Antônio Teixeira (2012):

seria prudente querer reabilitar tal noção no campo da clínica psicanalítica? E a resposta do psicanalista coincide com nossos desafios quando afirma:

> ... que na necessidade clínica de se dosar a angústia que a aproximação da verdade suscita, na dialética engajada pela transferência, para mensurar a possibilidade efetiva de sua subjetivação, impõe-se ao analista a retomada clínica da noção de prudência para se haver com as determinações contingentes do sofrimento psíquico (p. 65).

Teixeira (2012) articula também o sentido dado por Aristóteles ao termo prudência na contribuição de Pierre Aubenque (1963), que seria o sentido de "um julgamento constituído a partir de um fator eminentemente corporal" (Aubenque, 1963, p. 161-162, citado por Teixeira, 2012, p. 78).

O raciocínio de Laurent (2007) segue para além dos paradoxos do que procede do corpo e converge finalmente para o terceiro e último ponto de articulação entre medicina e psicanálise, que são os paradoxos do uso do medicamento.

c) Sobre *os paradoxos do uso do medicamento*, além do exemplo dos antidepressivos para adolescentes, Laurent (2007) destaca a expansão da farmacopeia moderna, alertando que há pesquisas buscando um medicamento de uso único ou indicação única: seriam medicamentos multifuncionais. O que vemos ocorrer no cotidiano é que, a cada novo medicamento no mercado, as pessoas tendem sempre a ultrapassar os limites de uso. Por exemplo, os antipsicóticos que estão sendo usados para transtorno de humor e as anfetaminas que são empregadas para combater a hiperatividade infantil. No conjunto, a situação fica parecida com um coquetel de variados remédios ao dia, até mesmo para as crianças. Há angústia do médico em reduzir o polimorfismo dos sintomas e seus efeitos, afirma Laurent (2007), fazendo com que ele recorra cada vez mais à MBE, visando uma saída para lidar com o caso particular. Tal angústia eleva o poder de sedução da MBE sobre o médico, entretanto, mesmo em nossa atualidade tão experimental, ele não se desvincula completamente de seu ato (Laurent, 2007). Lembramos que Pierre Benoit (1989) já defendia essa ideia de que, mesmo em tempos de ciência positiva, o médico permanece componente de sua própria receita ou prescrição; na verdade ele se receita e é também parte do "objeto medicinal" (p. 72-132).

Finalizando as contribuições de Laurent (2007) oriundas da conferência, ele afirma que a época da psicanálise artesanal acabou e que devemos considerar os efeitos paradoxais das séries estatísticas. Devemos ser contemporâneos para considerar os desafios que se apresentam com os "artefatos" estatísticos que vão sendo gerados nas avalanches de publicações científicas internas ao atual paradigma da ciência. O psicanalista pontua que não se trata de buscar todos esses números dos artefatos, mas vamos nos servir dos impasses ou das contradições estatísticas que se apresentam inevitavelmente na clínica médica, sempre trazendo angústia. É preciso, portanto, que os médicos e outros profissionais que acolhem os pacientes permaneçam suficientemente angustiados, é uma angústia a ser partilhada entre médicos e psicanalistas (cf. Laurent, 2007).

A demarcação da angústia torna-se estratégica em nosso trabalho, visto que é desse afeto que "não engana" e que afeta os corpos que, em geral, é feito o chamado ao profissional da assistência "psi" nas equipes multiprofissionais de saúde. Profissionais e pacientes encontram-se cada vez mais angustiados. Temos que investigar de forma precisa para que nossos resultados sejam escutados pelos médicos e outros profissionais angustiados *como evidências*, para que estes suportem a angústia que promove o conflito interno, a "divisão subjetiva". Sabemos que nem todos os cientistas abrem espaço para essa divisão e não se surpreendem com o ser humano falante e singular. A psicanálise sobrevive enquanto saber, método e tratamento por causa do fracasso. Entendemos que ela só persiste porque o paciente responde fora de uma norma esperada, ou não se contenta em receber o que ele próprio demandou ao seu médico (um medicamento, uma cirurgia, uma técnica...). Foi dessa maneira que Freud participou do nascimento da psicanálise, com as histéricas não lhe respondendo da forma como ele aguardava (cf. Freud, 1910/1987).

Se para a psicanálise lacaniana *a relação sexual não existe*[17], por outro lado, a sedução da estatística dos achados científicos configura-se como o anúncio de uma realidade supostamente completa e acabada para os sujeitos. Há promessas com as publicações de estudos científicos e teorias se multiplicando num mundo globalizado, mas a verdade resultante tende a ser fugaz e não durar muito tempo. A psicanálise não porta um saber totalizante, não deve ocupar o lugar do mestre, não oferece respostas aos vazios e limites do exercício clínico do médico. Aliás, na pós-modernidade, podemos afirmar que a ciência, com suas imagens e técnicas, assumiu o lugar de mestre e nem o próprio médico conseguiu manter sua autoridade sobre o saber do

17 Cf. Lacan, J. (1972-73/2008). *O Seminário, livro20: mais, ainda,* p. 40. Trata-se de que não existe relação sexual que possa pôr-se em escrita. Cf. Lacan, J. (1973/2003). Nota italiana. In: Outros escritos, p. 314.

corpo. O médico domina a técnica, os números e químicas do corpo, mas continua sem saber exatamente o que o corpo de seu paciente fala (ou quer falar). O mal-estar do médico se apresenta "a mais" quando ele busca uma medida exata do que ocorre na situação de enfermidade e sintoma, sem necessariamente ficar garantido que tocará alguma verdade acerca do sofrimento desse paciente. E a psicanálise persiste por causa disso, por causa do inesperado, daquele caso único que falha quando era sucesso provável ou quando é sucesso quando o mais certo seria o fracasso (na medicina reprodutiva são inúmeros os exemplos, marcando essa clínica com algo de instigante e surpreendente, a despeito do desconforto que possa provocar).

O praticante de psicanálise também rateia, sua posição é a do analisante, daquele que se pergunta, que nem sempre tem noção do que já é sabido. O inconsciente tem ligação com um saber que não se sabe de forma exata. A psicanálise pode contribuir apontando que é na relação paciente-médico que se encontra uma boa possibilidade de se abrir uma brecha para a criação ou invenção do sujeito paciente ou do sujeito médico. A psicanálise persiste e pode ser aplicada nesse contexto complexo da clínica médica se ela for um discurso capaz de acompanhar sua época e não desprezar os progressos imensos da ciência médica. Como discurso, a psicanálise implica em laço social, ser capaz de fazer falar e abrir espaço para a fala dos sujeitos angustiados e em conflito com suas repetições. Para sustentar essa posição, a psicanálise, entretanto, não pode se recobrir de uma arrogância de saber que ela mesma questiona. Supor a existência do sujeito do inconsciente e de sintomas que podem insistir de forma mortífera onde quer que exista um ser falante remete à ética da psicanálise e sua forma de lidar com um saber que é constitutivamente incompleto e que vem do real. Sobre a ciência pós-moderna, a recomendação de Boaventura dos Santos (1996), como citamos, novamente pode integrar o exercício da prudência e da insegurança, considerando que prudência é insegurança assumida e controlada. E a insegurança poderia ser mais exercida na clínica médica pelos profissionais ao invés de se buscar o domínio das decisões, seja consigo mesmo, com seus pares ou, no desafio maior frente ao sintoma, de seus pacientes.

Cumprindo a proposta deste texto, discutimos a interface entre psicanálise e medicina, elegendo alguns pontos que julgamos serem de destaque em nossa prática. Para finalizar, vamos nos aproximar da clínica sustentada na psicologia hospitalar.

ANGÚSTIA E TRANSFERÊNCIA NO HOSPITAL

A informação rápida e globalizada, marcador típico de nosso tempo, tem deixado um saldo de ansiedade no ar, imprimindo clima de urgência para todos nos processos de ação e decisões da vida diária, incluindo as relações amorosas, o ideal de família, o projeto de vida de sucesso, dentre outros futuros idealizados. O sociólogo polonês Zigmunt Bauman (2009) afirma que, embora haja na atualidade uma corrida ao consumo, os bens capazes de produzir felicidade para as pessoas não são negociáveis e estão cada vez mais distantes do campo monetário: trata-se, no caso, do amor e da amizade.

Quando ocorre o excesso da técnica no horizonte dos objetivos, dos resultados ou das relações, lidamos com a eliminação gradativa de aspectos subjetivos e verdadeiramente significativos para cada pessoa. Nesse contexto, os envolvidos não respondem como autônomos nem como agentes de seu desejo. A abertura para a vida subjetiva de cada paciente, em sua particularidade, parece-nos necessária enquanto instrumento aos profissionais. Isso não equivale a dizer que o médico de qualquer especialidade ou outro profissional de saúde deve abrir mão de suas atribuições e tarefas próprias relativas à profissão para se colocarem como psicanalistas dos pacientes que chegam com enfermidades físicas e ou em sofrimento psíquico. A diferença nos parece instalada na capacidade de esse profissional sustentar em sua prática clínica a existência de limites, mas, ao mesmo tempo, colocar-se prudentemente naquela posição de insegurança assumida. Tal proposta coaduna com a noção de *docta ignorantia*, inicialmente exposta por Santo Agostinho, mas divulgada pelo filósofo Nicolau de Cusa (1440/2002), que buscava explicar a infinitude de Deus pela matemática. Para esse filósofo e teólogo, somente as ciências matemáticas possibilitam o conhecimento preciso e exato, ao passo que as outras são apenas aproximativas, comportando sempre um mais e/ou um menos. O sentido dessa expressão é de que o homem sabe que não sabe tudo. O princípio cusano é semelhante ao da célebre frase de Sócrates: “Somente sei que nada sei”. Embora não se trate de um não-saber simplesmente, nem de pura falta de conhecimento, a expressão envolve um saber mais elaborado do grau e extensão da causa do não conhecimento. Trata-se de uma ignorância resultante do saber das limitações da compreensão humana sobre as coisas, questionando a certeza absoluta. Essa ideia se desdobra na afirmativa de que ninguém jamais atingirá a plenitude do conhecimento.

Lacan (1953-54/1986, p. 305) comenta a frase dita por Santo Amando: "A palavra me falta", que se tornou preciosidade de nossa língua desde então. Com o propósito de discutir o *recalque [repressão]*[18], o psicanalista salienta que, quando o sujeito diz que a palavra lhe falta, geralmente o *recalque* está em ação. Afinal, sempre que há recalque propriamente dito, há interrupção do discurso. E continua o raciocínio afirmando que:

> No estado atual das relações entre os seres humanos, pode uma palavra falada fora da situação analítica ser jamais uma palavra plena? A lei da conversa é a interrupção. O discurso corrente se choca sempre contra o desconhecimento, que é a mola da *Verneinung* [negação][19] (LACAN, 1953-54/1986, p. 307).

Dessa forma, quando um sujeito "se engaja na pesquisa da verdade como tal, é porque se situa na dimensão da ignorância – pouco importa que o saiba ou não" (Lacan, 1953-54/1986, p. 316). "Em outros termos, a posição do analista deve ser a de uma *ignorantia docta*, o que não quer dizer sábia, mas formal, e que pode ser, para o sujeito, formadora" (Lacan, 1953-54/1986, p. 317).

Para Célio Garcia (1997), a angústia gerada desse desconhecimento e não entendimento entre os sujeitos possui função balizadora do campo subjetivo. Diante da angústia, o sujeito empreende seu processo de lidar com sua experiência de existir, enfrentando uma tensão interna constante entre as posições de indivíduo e de cidadão. A tensão entre o *eu* e o *eu no mundo* obrigaria cada pessoa a construir seu laço social. Nesse direcionamento de uma queixa ao médico, nossa paciente demanda algo além da informação sobre o que fazer com o mal-estar localizado em seu corpo. Trata-se de uma demanda de amor dirigida ao saber do médico. Um saber que não é qualquer um, ou seja, o que está implícito é a crença de que este – o seu médico – sabe sobre seu ser mais do que ela mesma. A expectativa da paciente é a de que o médico, pelo saber que possui, resolva o seu sofrimento. Por outro lado, o médico acredita que o simples cumprimento de suas recomendações e premissas, muitas vezes fundamentado nos critérios epidemiológicos, forneça o resultado esperado. Dependendo da natureza do vínculo instalado entre ambos, uma relação de confiança poderá ou não se consolidar, marcando significativamente os rumos do próprio tratamento.

Chamamos de *transferência* esse vínculo favorável de confiança existente entre médico e paciente, cuja instalação pode tornar possível um espaço aberto para a fala do/a paciente numa dimensão para além do sintoma fisio-

---

18 Cf. Hanns, L. (1996). Dicionário comentado do alemão de Freud, p. 355.

19 Cf. Hanns, L. (1996). *Dicionário comentado do alemão de Freud*, p. 314.

lógico, mas que nem por isso permite que o médico se instale num lugar de rei da vida do mesmo. Por meio da escuta do profissional, pode ser possível a esse/a paciente explicitar que há mais a dizer com aquele sintoma, favorecendo a elaboração de um novo saber sobre si e sobre o próprio sofrimento, cujo sentido para cada paciente está atravessado pela subjetividade. Ainda que sofra no corpo as consequências de uma doença ou falha, o paciente conjuga sua dor com elementos subjetivos próprios, que associa à sua experiência específica.

É preciso clareza sobre a não existência de simetria nessa relação que se instala entre pacientes e médicos, pois tanto os pacientes como os profissionais estão sujeitos a vivenciar equívocos e frustrações entre si, uma vez que existem os mal-entendidos próprios da linguagem e da limitação inevitável de se fazer entender completamente.

Pois bem, enfatizamos que, através do contato com um profissional de saúde, o paciente demanda muito mais do que realmente explicita em seu discurso. E seu pedido, carregado de elementos emocionais, diz respeito ao seu posicionamento subjetivo na relação com o outro. Nesse contexto, a demanda e o desejo não são equivalentes. O desejo inconsciente está encoberto pela queixa inicial, implícito no que o paciente diz objetivamente. A sutileza desse contato reside na necessidade de que o médico e outros profisionais, incluindo o psicólogo, estejam advertidos dessas nuances e saibam acolher a demanda e ajudar ao paciente a se implicar nela. Como não se sabe *a priori* como fazer isso com o paciente que se encontra à sua frente, caso consiga admitir esse limite real ou a ignorância, o profissional já terá alguma chance de utilizá-la a favor da clínica. Pois a *transferência* é um poder, e o segredo é saber não utilizá-lo, é não dar consistência a ele: "Quando um homem recusa ser rei, não tem de modo algum o mesmo valor que quando aceita. Pelo fato mesmo de que recusa, não é rei" (Lacan, 1953-54/1986, p. 317).

REFERÊNCIAS BIBLIOGRÁFICAS

Aubenque, P. (1963). *La prudence chez Aristote*. Paris: PUF.

Bachelard, G. (1989). *La formation de l'esprit scientifique*. Paris: Vrin. (Trabalho original publicado em 1938).

Bauman, Z. (2009). *A arte da vida*. Rio de Janeiro: Jorge Zahar.

Benoit, P. (1989). *Psicanálise e Medicina – Teoria e casos clínicos*. Rio de Janeiro: Jorge Zahar. (Trabalho original publicado em 1988)

Canguilhem, G. (1995). *O normal e o patológico*. (Maria T. R. de Carvalho Barrocas e Luiz F. Barreto Leite, trads., 4ª. ed.). Rio de Janeiro: Forense Universitária. (Trabalhos originais publicados em 1943, 1963 e 1966)

Castiel, L. D. (1999). *A medida do possível. Saúde, risco e tecnobiociências. Rio de Janeiro:* Contracapa.

Chemama, R. (1995). *Dicionário de psicanálise*. (Sttineri, F.F., trad.). Porto Alegre: Artes Médicas Sul. (Trabalho original publicado em 1993).

Clavreul, J. (1983). *A Ordem médica*, São Paulo: Brasiliense. (Trabalho original publicado em 1978)

De Cusa, N. (2002). *A douta ignorância* (Vol. 148). EDIPUCRS. (Trabalho original publicado em 1440).

Foucault, M. (1988). *História da Sexualidade I: a vontade de saber*. (M.T.C. Albuquerque, JC.G. Albuquerque, trad. 13ª ed.). Rio de Janeiro: Edições Graal. (Trabalho original publicado em 1976)

Foucault, M. (2004). *O nascimento da clínica*. (R. Machado, trad. 6ª ed.). Rio de Janeiro: Forense Universitária. (Trabalho original publicado em 1980)

Freud (1987). Estudos sobre a histeria. In *Edição standard das obras psicológicas completas de Sigmund Freud*. (J. Salomão, trad., vol. 2). Rio de Janeiro: Imago. (Trabalho original publicado em 1893-95)

Freud, S. (1987). Psicanálise. In *Edição standard das obras psicológicas completas de Sigmund Freud* (J. Salomão, trad., vol. 20). Rio de Janeiro: Imago. (Trabalho original publicado em 1926)

Freud, S. (1987) Mal estar na civilização. In *Edição standard das obras psicológicas completas de Sigmund Freud*. (J. Salomão, trad., vol. 21). Rio de Janeiro: Imago. (Trabalho original publicado em 1930)

Freud (1987). Um tipo especial de escolha de objeto feita pelos homens (Contribuição à psicologia do amor I). In *Edição standard das obras psicológicas completas de Sigmund Freud*. (J. Salomão, trad., vol. 11). Rio de Janeiro: Imago. (Trabalho original publicado em 1910)

Freud, S. (1987). A interpretação dos sonhos. In *Edição standard das obras psicológicas completas de Sigmund Freud.* (J. Salomão, trad., vol. 4). Rio de Janeiro: Imago. (Trabalho original publicado em 1900)

Garcia, C. (1997). Clínica do social. Dissertação de Mestrado. Progama de Pós-graduação em Psicologia. Faculdade de Filosofia e Ciências Humanas. Universidade Federal de Minas Gerais, Belo Horizonte/MG.

Gödel, K. & Lourenço, M. (1979). *O teorema de Gödel e a hipótese de contínuo.* Fundação Calouste Gulbenkian.

Gomez de Silva, G (1995). *Breve diccionario etimológico de la lengua española.* Fondo de Cultura. (1ª impressão em 1988)

Hanns, L. (1996). *Dicionário comentado do alemão de Freud.* Rio de Janeiro: Imago.

Huxley, A. (1992). *Admirável mundo novo.* (V. de Oliveira e L. Vallandro, trad., 18ª ed.). São Paulo: Editora Globo. (Trabalho original publicado em 1932)

Koyré, A. (1986). *Do mundo fechado ao universo infinito.* Lisboa: Gradiva. (Trabalho original proferido em 1959).

Koyré, A. (1985). *Études d'histoire de la pensée scientifique.* Paris: Gallimard. (Trabalho original publicado em 1973)

Lacan, J. (1986). O Seminário Livro I: os escritos técnicos de Freud. Rio de Janeiro: Jorge Zahar editora. (Trabalho original publicado em 1953-54)

Lacan, J. (1998). *O Seminário, livro 11:* os quatro conceitos fundamentais da psicanálise. (M.D. Magno, versão brasileira, 2ª. ed.). Rio de Janeiro: Jorge Zahar Editor. (Trabalho original proferido em 1964)

Lacan J. (1961-2) *Seminário Identificação*, inédito, lição de 07/03/1962.

Lacan, J. (2001). *O lugar da psicanálise na medicina.* Opção Lacaniana, nº 32. (Trabalho original publicado em 1966)

Lacan, J. (1993). *Televisão.* Rio de Janeiro: Jorge Zahar Editor. (Trabalho original publicado em 1974)

Lacan, J. (1992). *O Seminário, livro 17: o avesso da psicanálise.* Rio de Janeiro: Jorge Zahar Editor. (Trabalho original publicado em 1969-70)

Lacan, J. (2007). *O Seminário, livro 23: o sinthoma.* Rio de Janeiro: Jorge Zahar Editor. (Trabalho original proferido em 1975-76)

Lacan, J. (2008). *O Seminário, livro 3: as psicoses.* 2ª. ed. revista. Rio de Janeiro: Jorge Zahar Editor. (Trabalho original proferido em 1955-56)

Lacan, J. (2008). *O Seminário, livro 20: mais, ainda.* 3ª. ed. Rio de Janeiro: Jorge Zahar Editor. (Trabalho original proferido em 1972-73)

Leite, M.P. (1998). Lacan e o doutrinal da ciência – literalização e matematização. Disponível em: www.marciopeter.com.br/links/ensino/letra/4_aula.pdf.

Miller, J-A. (1987). O percurso de Lacan. Rio de Janeiro: Jorge Zahar.

Moulin, A.M. (2009). O corpo diante da medicina. In: *História do corpo: as mutações do olhar. O século XX*. (Alain Corbin, Jean-Jacques Courtine e Georges Vigarello, dir./ Ephraim Ferreira Alves, trad., 3. ed.). Petrópolis: Vozes. (Trabalho original publicado em 2006)

Novaes, H.M.D. (1999). *Incorporação e utilização de tecnologias: a boa prática médica*. Médico. HC-FMUSP, v. 2, n. 7, p. 19-21.

Oliva, A. (2003). *Filosofia da Ciência*. Rio de Janeiro: Jorge Zahar Editor.

Popper, K. R. (1953; 1957/1980). Conjecturas e refutações. Brasília: Editora da UnB. (Trabalho original proferido em 1953 e publicado em 1957)

Santos, B. D. S. (1996). *Um discurso sobre as ciências. Porto:* Afrontamento. (Trabalho original publicado em 1987).

ENVELHECIMENTO E INTERNAÇÃO HOSPITALAR:

OBSERVAÇÕES PSICANALÍTICAS

Diego Alonso Soares Dias

Os desafios da contemporaneidade têm nos induzido, de forma cada vez mais contundente, a refletir a respeito do envelhecimento. Afinal, se por um lado observamos que a população idosa em inúmeros países (inclusive Brasil) cresce significativamente, por outro percebemos que as maneiras encontradas para se lidar com esse fenômeno são extremamente variadas, tanto em termos sociais quanto no âmbito individual. O pensamento a respeito de uma problemática como essa, portanto, deve levar em conta a pluralidade intrínseca ao problema em questão. Diversas são as formas possíveis de se abordar o envelhecimento, sendo que a questão pode ser colocada em termos sociais, psicológicos ou médicos, para citarmos apenas alguns exemplos.

Diante de tamanha diversidade, é necessário, desde já, delimitarmos o que será trabalhado nesse texto, mesmo que não seja possível sermos exaustivos na abordagem do recorte que propomos. Interessa-nos, portanto, discutirmos algumas das especificidades do envelhecimento no contexto de uma internação hospitalar. A internação hospitalar, no momento em que se faz necessária para um idoso, pode desencadear processos de elaboração que, no limite, tenham algum tipo de relação com o envelhecimento? A ruptura estabelecida no momento em que um sujeito deve permanecer internado em um hospital, distanciando-se, na maioria das vezes, de suas atividades e de seus conhecidos (amigos e familiares), pode precipitar algum tipo de trabalho subjetivo por parte do internado? Quais as condições para que esse trabalho aconteça?

Com o intuito de refletirmos sobre essas questões, procederemos, em um primeiro momento, de forma a localizar algumas das especificidades a respeito do envelhecimento, para que, em seguida, seja possível abordarmos algumas das relações possíveis entre o envelhecimento e o momento de uma internação hospitalar. O tema será abordado sob a ótica da teoria psicanalítica.

ALGUMAS PECULIARIDADES DO ENVELHECIMENTO NOS DIAS DE HOJE

Apesar de não desconsiderarmos as importantes mudanças físicas que ocorrem em um corpo que envelhece, que, em muitos casos, contribuem para a definição do que vem a ser a velhice, daremos ênfase, pensando em nossos objetivos, a outros dois campos relacionados ao envelhecer. Tratam-se de alguns aspectos sociais relacionados ao envelhecimento e alguns traços subjetivos que podem ser relacionados de forma próxima do idoso. Ainda assim, por vezes, sempre que necessário, evocaremos, para nossa discussão, as transformações físicas intrínsecas a esse momento da vida.

Birman, em seu artigo denominado "A terceira idade em questão" (2013), argumenta a favor de mudanças significativas relacionadas a forma de se entender e de se encarar o envelhecimento a partir, aproximadamente, dos últimos trinta anos. Observa-se, para o autor, um deslocamento em termos discursivos a respeito da maneira como o envelhecimento deve ser entendido, o que tem, como consequência, o surgimento de novas formas de subjetivação. Birman pontua que um dos momentos significativos desse movimento se vincula a formalização do significante "terceira idade" (Birman, 2013) e seus impactos na cultura.

Nesse sentido, a "terceira idade" vem descortinar a possibilidade de se entender o envelhecimento como uma nova etapa da vida. Agora, é possível que a velhice não venha a ser imediatamente e necessariamente vinculada à proximidade da morte, consolidando-se como uma nova fase da existência. Abre-se, como consequência dessa nova etapa, um novo campo de estudo médico (gerontologia), e torna-se possível também que uma "positividade" seja atribuída a velhice, o que contrasta com representações anteriores sobre o envelhecimento.

> A velhice deixou de representar o fim da vida e a expectativa da morte, para indicar um *tempo outro* da vida e da existência. Além disso, por essa transformação a velhice perdeu a marca da *negatividade* para se tornar uma *positividade*. Enfim, pelo enunciado da terceira idade a velhice foi deslocada do registro do silêncio para o da palavra, perdendo a aura de obscuridade e se inscrevendo no campo da luminosidade. (Birman, 2013, p. 55).

O entendimento da velhice como positividade faz com que nos perguntemos a respeito do que seria a velhice como negatividade. Tal postulação relaciona-se ao lugar reservado ao velho na modernidade. Nesse período, o envelhecer é abordado sob uma ótica de forte cunho moral, em que entra em cena uma relação próxima entre envelhecimento e degeneração. Do ponto de vista biológico, argumenta-se que há na velhice uma involução, tanto em termos cognitivos como afetivos. O velho vincula-se ao signo da decadência, trazendo consigo a inutilidade e a ociosidade.

Tal perspectiva, em que o velho apresenta-se como inútil e ocioso, por si só, rompe com tradições oriundas da Antiguidade e da Idade Média, uma vez que é possível encontrarmos, nesses outros registros históricos, o velho como aquele que detém a sabedoria de uma sociedade, portando a memória coletiva de uma cultura[20]. O que faz com que o lugar discursivo do velho sofra tamanha mudança, para que, finalmente, uma nova metamorfose aconteça (com o surgimento da "terceira idade")?

Birman (2013) defende que a morte social (negativização) relacionada a velhice na modernidade refere-se, dentre outros fatores, à sua incapacidade produtiva. Antes que sua morte biológica ocorra efetivamente, o velho deixa de integrar a sociedade e de contribuir com seu desenvolvimento por uma incapacidade atribuída e ele muitas vezes de cunho físico e mental. A ideia da velhice como uma involução associa-se a essa perspectiva, afinal a degradação cognitiva e afetiva oriunda da velhice só atesta o lugar de inutilidade reservado ao idoso. Deve-se mencionar ainda que a imprensa, ao se consolidar na modernidade, destitui o lugar privilegiado do velho como detentor e porta voz da memória coletiva de uma cultura. (Rosa, 2015).

> Esta leitura biológica da vida se desdobrava na leitura do registro moral. Assim, as faculdades cognitivas e afetivas eram interpretadas no campo deste processo evolutivo, evidenciando as marcas psíquicas dos processos evolutivo e involutivo. Com efeito, se na infância os processos afetivos dominariam os cognitivos, uma inversão significativa se daria ne juventude e na idade adulta, nas quais os processos cognitivos dominariam os afetivos. Porém, na velhice existiria uma diminuição das faculdades cognitivas e o domínio progressivo dos processos afetivos no campo psíquico. (Birman, 2013, p. 58).

No entanto, se a velhice se encontra inicialmente sem um lugar próprio na modernidade, silenciada pela cultura, é a própria modernidade que começa a formalizar as condições para que essa perspectiva mude. O projeto da modernidade, que tem como uma de suas características o controle

---

20 A reflexão adequada a respeito do lugar da velhice em diferentes culturas e sociedades exige um trabalho que foge aos limites de nossos objetivos. Apesar de fazermos referência a períodos históricos determinados, é importante que levemos em conta que existem posturas que divergem entre si dentro nesses mesmos períodos. Platão e Aristóteles, na Grécia Antiga, por exemplo, não encaravam e atribuíam o mesmo significado ao ato de envelhecer (Rosa, 2015).

sobre os corpos, coloca em evidência a necessidade de que a vida seja, de forma cada vez mais significativa, passiva de controle, buscando-se assim o silenciamento do que, na vida, não pode ser determinado. Uma ênfase cada vez maior é atribuída, portanto, à possibilidade e necessidade de que o social seja medicado e a saúde dos indivíduos que integram a cultura seja preservada. Birman localiza, nesse sentido, que o ideal de saúde substitui, gradualmente, o ideal cristão de salvação (Birman, 2013, p. 59). Nesse momento, uma atenção especial é dada à infância e juventude, pois se torna necessário que esse público seja qualificado (educado), e capaz, por meio de seu trabalho, de produzir riquezas para a nação. A educação, nesse momento, deixa de ser exclusividade de classes sociais privilegiadas, alcançando a população em geral. A medicina, por sua vez, desempenha um importante papel nessa dinâmica, uma vez que é por meio de sua intervenção que se garante a existência de uma população capaz de garantir a produção de riquezas para um país.

Um estado soberano, portanto, deve ser composto por indivíduos educados, capazes de se dedicarem à nação por meio do seu trabalho (produção) e detentores de uma boa saúde (objetos de técnicas que preservam a vida e possibilitam seu controle). Nesse momento, a negativização da figura do velho encontra seu ápice. Não há lugar para ele no corpo social, e sua inutilidade em termos econômicos e sociais é enorme, o que ganha um correlato em termos morais (o velho como inútil e ocioso). A responsabilidade de cuidado aos velhos recairia sobre a família, sem que eles, contudo, gozem de algum tipo de reconhecimento simbólico ou social. A morte simbólica do velho encontra-se consumada, cabendo a ele aguardar pela morte orgânica no seio de sua família (Birman, 2013; Rosa & Vilhena, 2016).

Como desdobramento dessa morte simbólica, encontramos categorizações psiquiátricas que, no limite, reforçam a morte simbólica atribuída ao velho, e legitimam sua falta de lugar no corpo social, tratando-se muito mais de um desdobramento da formação discursiva em vigência do que uma efetiva deterioração cerebral e orgânica A velhice, para a medicina na época, poderia levar, portanto à melancolização, em que o velho rompia efetivamente seus vínculos socais que se mantinham de forma frágil, deparando-se com a completa incapacidade de atribuir um sentido para sua existência; à mania, em que o indivíduo em idade avançada recusava-se a ocupar o lugar a ele destinado, afirmando-se como jovem e representando-se como tal; ou ainda à posição paranoide, em que o velho se colocava em uma posição de acusar o outro por seu destino inexorável (Birman, 2013).

No entanto, a busca por uma maior qualidade de vida da população por meio da proposta do controle das indeterminações da vida tem como uma de suas principais consequências a longevidade. Os velhos, tidos como inúteis e ociosos nesse momento, tem uma crescente expectativa de vida, o que não é absorvido pelas formações discursivas vigentes de forma indiferente.

> Assim, seja pelas melhores condições de habitação e de alimentação ao longo da vida, no Ocidente, seja pelas melhores possibilidades de cuidados promovidos pela medicalização, a extensão da vida biológica é da ordem do real. Na contemporaneidade os diferentes Estados foram confrontados com o imperativo de terem de cuidar da velhice e forjar para esta uma nova posição no espaço social. Foi em decorrência disso que a biologia passou a se voltar para o estudo e para a pesquisa da velhice, como não o fizera desde o século XIX. (Birman, 2013, p. 65).

Nesse sentido, uma modificação como essa recoloca em cena a velhice, e abre o campo para novos processos de subjetivação do que vem a ser envelhecer na contemporaneidade. Afirmar, portanto, que ocorre, na contemporaneidade, uma positivação da velhice nos leva a considerar que existe, para o indivíduo em idade avançada, a possibilidade de construção de um novo lugar, que não se limita a inutilidade que mencionamos anteriormente. Essa possibilidade de construção de um novo lugar encontra-se intrinsecamente relacionada às características que encontramos na contemporaneidade.

> Nesta transformação significativa, pela qual a velhice foi transmutada em terceira idade, o imaginário social passou a forjar novas ficções e outras narrativas sobre a nova idade da vida. Com efeito, da figura do velho à espera da morte, que imperou no Ocidente até os anos 80 do século XX, nas novas ficções e narrativas contemporâneas a velhice passou a ser delineada pela presença do desejo e pelo imperativo de aproveitar intensamente a vida (Birman, 2013, p. 65-66).

Assim, na contemporaneidade, podemos observar que a forma de se lidar com o envelhecimento é algo possuidor de várias facetas, que, no limite, não devem ser consideradas como sucessivas ou como fruto de um nexo causal. Se investigarmos a questão atribuindo uma certa primazia às relações de trabalho em nossa sociedade atualmente, por exemplo, observamos que o envelhecimento ainda pode ser interpretado como o momento que o indivíduo se retira do mercado de trabalho, tornando-se improdutivo e, em um certo sentido, um "peso" para a sociedade[21] (Berlinck, 2000; Rosa,

21 Não devemos desconsiderar as diferenças de gênero e a atribuição de papéis sociais que desempenham uma significativa influência no lugar que os idosos podem construir para si mesmos diante de tais situações.

2015). Sua capacidade de se inserir e se colocar na sociedade por meio de seu trabalho é retirada, sendo que o velho passa a ser uma despesa a mais para os cofres públicos e para os familiares que tem que responder pelos cuidados de um indivíduo que, gradualmente, torna-se cada vez mais incapaz de cuidar de si mesmo.

Por outro lado, se tentarmos uma leitura a partir da lógica do consumo, elemento indispensável para refletirmos sobre a contemporaneidade, encontramos, junto a velhice, um público que potencialmente pode se configurar como consumidor dos mais variados objetos que tem como meta principal retardar o envelhecimento. Nesse contexto, encontramos uma importante relação entre envelhecimento e o consumo de fármacos e cosméticos. Tais indústrias, nos últimos anos, tem experimentado um significativo crescimento, sendo que a "terceira idade" configura-se como um dos principais elementos que possibilitam esse crescimento. Rosa (2015), ao refletir sobre o assunto, pontua que o mercado da indústria anti-aging movimenta, hoje, 100 bilhões de dólares ao ano, sendo que no início da década de 90 esse setor nem sequer existia na economia mundial. O curioso, aqui, é que o envelhecimento gera procedimentos e técnicas que buscam retardar esse mesmo envelhecimento, prolongando a longevidade dos indivíduos.

Na mesma esteira, é possível observarmos que intervenções corporais e cirúrgicas também possuem como público privilegiado aqueles que compõem a terceira idade. Entra em jogo, na realização de intervenções como essa, a recuperação de algo que se perdeu ao longo dos anos, ou mesmo o retardamento de marcas que denunciem a passagem do tempo. Em ambas situações, chama a atenção, assim como no consumo de fármacos e cosméticos, o estabelecimento de uma longevidade cada vez mais significativa.

> Para os desconfortos do envelhecimento, a reposição hormonal. Para os sinais da passagem do tempo, as cirurgias e a cosmetologia. A menopausa, vista como algo "natural" é reduzida ao âmbito biológico, com seus sintomas "desagradáveis", facilmente suprimíveis com o tratamento adequado. Para os homens, simplesmente Viagra. (Rosa, 2015, p. 41).

O significante "terceira idade", nesse contexto, como um dos signos de um envelhecimento positivado, nos coloca diante de situações peculiares. Por um lado, favorece o estabelecimento de um recorte adequado que possibilita a oferta dos mais variados objetos de consumo aos indivíduos. Há, por meio desse significante, a formalização de um campo de intervenção na cultura, o que traz em si novas formas de subjetivação . No entanto, chama a atenção que em diversas dessas intervenções direcionadas a velhice encontra-se em questão, fundamentalmente, a recusa do envelhecimento[22].

Se nos atermos, portanto, a perspectiva de longevidade, ficamos com a impressão de que ela é de tal forma abordada que, como consequência, recusa-se cada vez mais a finitude inerente à nossa existência. Nesse sentido, a longevidade introduz a velhice como um campo de intervenção, sendo que tais intervenções, em grande medida, trazem em si a não consideração de determinadas especificidades do envelhecimento. Nessa perspectiva, se a velhice se configura atualmente como um campo de intervenções médicas, é para que se estabeleçam meios de se protelá-la, evitando-se com isso uma problematização efetiva a seu respeito, que englobe seus diferentes aspectos.

Nesse contexto, o que nos parece é que a positivação da velhice problematizada por Birman (2013) pode ter, como consequência última, um retorno a sua negativização. Tal negativização, por sua vez, não deve ser compreendida de maneira semelhante ao que encontramos na modernidade, mencionada anteriormente. Trata-se de uma negativização "maquiada", em que se produz a ilusão de uma positivação definitiva. Rosa, ao defender a permanência de uma negatividade relacionada a velhice nos dias de hoje, nos diz o seguinte:

> Quanto mais se vive biologicamente nesse modelo societário, menos é o reconhecimento simbólico. Talvez, por isso, cada vez mais aumentem os investimentos naquilo que alguns sociólogos chamam de *adultescência*, a eterna busca pela aparência jovem, seja no corpo, seja nas roupas, seja no estilo de vida. Como se o velho só pudesse existir socialmente sob a roupagem de uma juvenilidade mercadológica. (Rosa, 2015, p. 34).

Desse ponto de vista, o lugar social da velhice na atualidade encontra-se relacionado intrinsecamente a sua recusa, ou, para sermos mais precisos, à recusa do estabelecimento de uma relação entre velhice, perdas e a própria finitude. O "bom envelhecimento" está reservado àquele que se vale das mais variadas técnicas para se manter jovem nas mais diversas maneiras. Viver de forma intensa, extrair o máximo de prazer das situações diversas, e se apresentar a todo momento como um indivíduo portador de uma extrema felicidade se configuram como exemplos desse posicionamento.

22 De acordo com Rosa (2015), a utilização de expressões como "terceira idade" ou "melhor idade" possui em si um caráter reducionista, que atenua e mascara o que se encontra realmente em jogo no processo de envelhecimento. Tais expressões, para o autor, estabelecem uma tipificação que rotula o processo de envelhecimento. A nosso ver, tal consideração reforça nosso argumento, ao exemplificar traços que dizem da positivação da velhice na atualidade.

Se, por um lado, podemos considerar que as características da sociedade atual elencadas acima contribuem para a constante tentativa do prolongamento da longevidade dos indivíduos, gerando como consequência a possibilidade de uma nova forma de negativização da velhice, não devemos, por outro lado desconsiderar traços vinculados à economia subjetiva de cada sujeito, que podem ressoar de forma particular no corpo social.

Nesse sentido, torna-se necessário levarmos em conta que nossa reflexão a respeito do envelhecimento não deve enfatizar apenas os efeitos discursivos produzidos no momento em que se lida com a velhice. Por mais que concordemos com a afirmação que diz que a forma como a velhice se configura na sociedade engendra diferentes modos de subjetivação, fica-nos ainda a impressão de que é necessária uma reflexão que coloque em cena a maneira com que cada sujeito se apropria dos imperativos culturais vigentes em cada época. Tal reflexão, obviamente, remete-nos, em grande medida, à singularidade de cada sujeito em questão. Há uma tendência discursiva, e cada sujeito, a sua maneira, e de acordo com os recursos que dispõe, se apropria dessa tendência e dela faz um determinado uso, que obedece, no limite, a sua forma mais íntima de estruturação.

O que queremos dizer, para nos expressarmos de outro modo, é que a singularidade mencionada coloca em cena a instância inconsciente do sujeito, o que não significa deixarmos de lado a relação entre o inconsciente e a cultura na qual ele se encontra inserido, ou mesmo estabelecermos uma primazia de um sobre o outro. A nosso ver, é o momento de enfatizarmos algumas características estruturais do sistema inconsciente formalizadas por Freud que possuem grande relevância para o que se encontra em questão em nossa reflexão. Comecemos, apoiados pela psicanálise, a traçar algumas observações que dizem respeito da atemporalidade do inconsciente.

INCONSCIENTE E VELHICE

Tomarmos o inconsciente como atemporal é considerarmos que aí se encontra um dos fundamentos da grande dificuldade por parte dos sujeitos em perceber e se apropriar da passagem do tempo. Experiências e representações que se realizam na infância, por exemplo, mantém sua atualidade, não sendo relativizadas em função da passagem do tempo cronológico. Nesse sentido, no que se refere ao inconsciente, não há um ordenamento que hierarquize e que estabeleça um grau de importância de certas experiências, em função do momento em que ocorreram, sendo que uma tarefa como essa é reservada à consciência. De acordo com Freud,

> Os processos inconscientes são atemporais, isto é, não são ordenados temporalmente, não se alteram com a passagem do tempo; não tem absolutamente qualquer referência ao tempo. A referência ao tempo vincula-se, mais uma vez, ao trabalho do sistema consciência (Freud, 1915/1996, p. 214)

Nesse sentido, deve-se observar que o sujeito do inconsciente não envelhece, se levarmos em conta a organização do sistema inconsciente e o tomarmos como um efeito do significante (Mucida, 2006). No entanto, é necessário dizer que uma afirmação como essa não é o mesmo que pontuar que o material inconsciente se mostra como algo estático. É possível que novas transcrições e rearranjos aconteçam junto a esse material que, no inconsciente, mantém uma constante atualidade. Representações ideativas carregadas de afeto, por vezes, perdem o afeto a ela vinculados, e novos investimentos são forjados por meio disso. Tratam-se de traços que mantém uma atualidade, mas que podem ser o alvo de investimentos afetivos em diferentes momentos.

Dizermos da atemporalidade do inconsciente nos leva, como consequência, a hipotetizar que o inconsciente não consegue se apropriar de sua eventual mortalidade. O funcionamento do inconsciente, nesse contexto, orientado pela obtenção constante de satisfação, não leva em conta a possibilidade de interrupção dessa busca, ou não obtenção de tal satisfação, o que não significa dizermos que a morte, de certa forma, se mantém presente na vida de cada um de nós. De acordo com Mucida:

> Se o inconsciente desconhece a morte, ela é, contudo, do ponto de vista da perda, algo efetivo, real; um acontecimento diante do qual o sujeito não encontra palavras, demandando o simbólico como tratamento possível. Por outro lado, se o inconsciente desconhece a morte, ele não desconhece o desejo; o medo da morte é, sobretudo, o medo da perda do desejo que a pulsão de morte – repetição e gozo – sinaliza. (Mucida, 2006, p. 143).

Termos, portanto, uma parceria entre um discurso que recusa o envelhecimento e se propõe a evitá-lo a todo custo e algumas das características do funcionamento do aparelho psíquico. Ainda assim, tal parceria não é capaz de fazer com que o corpo se modifique. O corpo envelhece e as perdas se impõem.

Em outro de seus artigos, Mucida (2009), ao se aprofundar um pouco mais no assunto, pontua que a passagem do tempo, com as transformações que traz consigo, coloca em cena aquilo que pode se modificar nos laços que um sujeito estabelece e aquilo que não se modifica. Com isso, a autora coloca em questão os traços identificatórios que procuram dar consistência ao eu. Com a passagem do tempo que se impõe, e as mudanças corporais que a acompanham, o eu daquele que envelhece se vê às voltas de um trabalho que busca a subjetivação daquilo que se modifica. Há, nessa perspectiva, uma constante tensão entre o que fica, aquilo que se perde (e que demanda, consequentemente, um trabalho de luto) e o que se transforma, provocando, por vezes, uma sensação de estranheza e inquietação.

O que nos chama a atenção, nesse momento, é que, por mais que encontremos insígnias na cultura que procurem aumentar a longevidade de maneira indefinida e que o inconsciente, em sua estruturação, tenha como uma de suas características a atemporalidade, no final das contas, o envelhecimento se impõe, com suas perdas, ganhos e modificações, tanto em termos subjetivos quanto em termos corporais, o que lança o idoso em uma inevitável situação de desamparo. Diante disso, a impressão que fica é que as situações de desamparo, no momento em que surgem para o indivíduo inserido na civilização atual, se mostram com uma grande intensidade, o que pode ter, inclusive uma relação próxima com os semblantes da cultura em jogo. Uma civilização que tende a recusar as perdas inerentes à condição humana faz com que os indivíduos tenham acesso, por vezes, à recursos precários de simbolização na ocasião em que essas perdas se colocam.

> Na atualidade, o idoso encontra diferentes formas de se deparar com o desamparo. Sua história não encontra lugar diante das *nov-idades* do mercado, sua imagem não pode acolher como antes as maquilagens (em francês: maquile-âge, maquiar a idade), mesmo com o mercado das próteses e cirurgias plásticas; o limite persiste. O temor à perda de amor torna-se real dada à fragilidade corporal que não responde, como antes, aos imperativos de agilidade, força e beleza. (Mucida, 2006, p. 82).

O limite persiste. E, por vezes, esse limite toma formas que se configuram como verdadeiros desafios no trabalho de elaboração de perdas. Nossa pergunta é agora direcionada à internação hospitalar. Seria a situação de internação hospitalar a ocasião em que o velho se depara de forma intensificada com o desamparo inerente a determinada perda que se coloca?

ENVELHECIMENTO E INTERNAÇÃO HOSPITALAR

A internação hospitalar, no momento em que se faz necessária, põe em cena diferentes impasses para aquele que se submete a ela e sua família. Ao ser definida como conduta a ser tomada, escancara-se o fato de que algo não está bem. De imediato, uma primeira perda é atribuída ao paciente e/ou sua família: trata-se da perda de um estado anterior, que se aproxima, de forma mais ou menos intensa, a um estado de saúde. A internação hospitalar traz consigo, portanto, a ideia de adoecimento.

O adoecer enquanto processo subjetivo remete-se a um campo de investigação específico. Relaciona-se a entendimentos possíveis do que vem a ser o normal e o patológico, com diversas consequências que variam de acordo com as concepções que se atribuem a esses entendimentos[23]. Para os nossos objetivos, nos orientaremos principalmente por meio da observação freudiana, que diz da influência do adoecimento orgânico sobre as organizações libidinais. De acordo com Freud:

> Ao avaliar a influência da doença orgânica sobre a distribuição da libido, sigo uma sugestão que me foi feita verbalmente por Sándor Ferenczi. É do conhecimento de todos, e eu o aceito como natural, que uma pessoa atormentada por dor e mal-estar orgânico deixa de se interessar pelas coisas do mundo externo, na medida em que não dizem respeito a seu sofrimento. Uma observação mais detida nos ensina que ela também retira o interesse *libidinal* de seus objetos amorosos: enquanto sofre, deixa de amar. (Freud, 1914/1996, p. 98)

Nesse sentido, insinua-se uma primeira dificuldade. Aquele que sofre perde o interesse pelo mundo exterior. O sujeito volta-se para si mesmo, completamente envolto por seu sofrimento. Não é incomum, nesse contexto, encontrarmo-nos com pacientes que recusam, no momento de grande sofrimento, qualquer tipo de abordagem psicanalítica. Não há interesse em um trabalho subjetivo, dada a primazia atribuída ao sofrimento orgânico.

A situação se torna ainda mais complexa se trouxermos para a discussão algumas das especificidades do envelhecimento, uma vez que o adoecimento pode adquirir importantes características para um idoso no contexto de uma internação hospitalar. Trata-se de uma situação que deve ser avaliada cuidadosamente, uma vez que o contexto de internação também pode se

---

23 Talvez uma das obras mais significativas que trata do tema seja o a discussão desenvolvida por Canguilhem, no livro "O normal e o patológico" (Canguilhem, 2010).

configurar como a oportunidade de estabelecimento, para um idoso, de um laço específico com o Outro, por meio do qual ele obtém satisfações de cunho pulsional.

> O laço pela via "psicossomática" e os "ganhos secundários" – ganhos com o gozo que não implica prazer, mas satisfação pulsional – impedem, muitas vezes, um trabalho efetivo de análise. O gozo associado à fragilidade corporal casa-se de uma forma tal que as respostas do Outro, advindas de intensos cuidados, minam qualquer intervalo pelo qual o sujeito poderia emergir. Vivendo uma série de cuidados em torno do corpo (olhado, tocado, falado...) por meio dos quais o sujeito mantém uma certa relação com o Outro, ele defende de qualquer corte que possa deixar em aberto o real do desamparo. (Mucida, 2006, p. 194)

Se, por um lado, nos parece pertinente a observação freudiana a respeito da organização da libido naquele que adoece, por outro lado é necessário que não percamos de vista particularidades relacionadas a internação hospitalar, vinculadas principalmente ao laço passível de ser estabelecido entre o Outro (o hospital com sua gama de profissionais, por exemplo) e aquele que se interna.

Assim, o trabalho de escuta possível em uma internação deve levar em conta o tipo de laço que se estabelece naquele momento do tratamento. Em um hospital, efetivamente, o idoso será tocado, olhado e falado de diferentes formas e por diferentes profissionais. Há uma relação de cuidados colocada, com efeitos importantes, que não devemos negligenciar. No entanto, isso seria o suficiente para considerarmos a existência de uma dinâmica pulsional com poucas possibilidades de manejo? Ficamos com a impressão de que, no momento em que o sujeito se propõe a estabelecer um laço com o Outro, seja pela via psicossomática ou pelos ganhos secundários, abre-se a possibilidade de um trabalho de elaboração. Trabalho que por si só não se configura como simples, mas que pode produzir certos deslocamentos e novas possibilidades de enlaçamento com o Outro. O discurso analítico, nessa perspectiva, no momento em que não se propõe a atender a queixa feita pelo paciente (frustrando-o, consequentemente), pode vir a auxiliar no estabelecimento de novas perspectivas de organização.

É necessário considerarmos também a existência de idosos que se internam para tratamento sem que isso implique, necessariamente, em ganhos secundários ou sintomas psicossomáticos. Para esses pacientes, há algo que deve ser destacado? Há um trabalho subjetivo passível de ser desenvolvido?

Nosso questionamento, portanto, deve ser colocado levando-se em conta diferentes facetas. A primeira delas é a de que o idoso que inicia um tratamento de saúde que envolve internações hospitalares encontra-se, de forma significativa, com a queda de determinados valores propagados pela cultura. Não é possível, para esse idoso, em um primeiro momento, se apropriar dos significantes sociais que buscam consolidar a longevidade e a saúde como fato consumado. Ao contrário, com o adoecimento abre-se a porta para uma situação de importante desamparo, sem que, em algumas situações, o indivíduo consiga, de forma imediata, iniciar um trabalho de elaboração daquilo que lhe ocorre. Uma ruptura imediata ocorre entre um discurso determinado e a situação atual, o que pode colocar um paciente diante de uma perda que demande um trabalho de subjetivação.

O segundo elemento refere-se ao adoecimento em si, e as consequências de tal adoecimento na organização libidinal do sujeito, conforme Freud pontua acima. Além da queda efetiva de significantes da civilização que podem se configurar como organizadores para o sujeito, encontra-se também para eles uma dificuldade de estabelecimento de novos laços, que envolvam o investimento em novos objetos e a criação de novas relações. A libido que poderia se endereçar para essas relações volta-se para o eu, o que ocasiona um "fechamento" de possíveis construções subjetivas por parte daquele que envelhece. Cabe observar que tal situação se desenrola de maneiras diferentes no contexto de uma internação e fora dela. Na internação hospitalar, o sujeito que se trata consegue vislumbrar novas possibilidades de investimento objetais? Ou o investimento possível, naquele momento, recai sobre os profissionais da internação que cuidam dele? Ou, finalmente, não há qualquer possibilidade de investimento naquele momento, sendo que toda a atenção do sujeito se encontra voltada para o próprio eu?

O próximo traço a ser destacado refere-se a dinâmica própria da instituição hospitalar. Aqui, cabe ressaltar que os procedimentos médicos organizam-se, na maioria das vezes, de forma a silenciar o paciente, tornando-o objeto em seu próprio tratamento, em alguma medida (Moretto, 2001). Nesse sentido, a posição dos profissionais que intervém, as rotinas estabelecidas no dia a dia do hospital e as próprias prescrições clínicas acentuam o caráter inadequado de manifestações subjetivas. Essas manifestações, não raro, são tomadas como frutos de impasses e indisposições por parte da equipe de cuidados.

Nesse contexto, o idoso, ao ser internado, se vê às voltas com a possibilidade de realização de um importante trabalho subjetivo. Perdas se presentificam, por vezes de forma abrupta, e é preciso que o sujeito responda a elas de alguma forma, simbolizando-as, na melhor das hipóteses. Talvez se encontre aí, por mais difícil que possa parecer, a princípio, o momento propício para um trabalho via palavra, que auxilie o sujeito a constituir um saber sobre o desamparo que o invade.

> É fato que a hospitalização tende a mobilizar uma série de experiências, apresentando-se sob diversas maneiras como uma má parceria entre o medo da morte e o horror da destituição subjetiva, que, por sua vez, podem despertar diferentes reações sintomáticas ou mesmo a piora do estado geral do idoso. (...). Entretanto, quando o sujeito encontra-se transferido com o tratamento analítico e encontra o apoio da família, é o próprio sujeito que demanda a presença do analista no hospital, e isso incide de maneira diferenciada para o corpo médico. (Mucida, p. 253, 2015)

Nesse sentido, ficamos com a impressão de que a presença de um analista em um hospital pode vir a atenuar a "má parceria entre sujeito e hospital". Talvez, a experiência de internação possa se configurar, no fim das contas, como a desencadeadora de novas experiências, propiciando o estabelecimento de novos laços por parte daquele que se interna. Não buscamos, com isso, minimizar todo o sofrimento que se vincula a situação de internação. Vislumbramos, apenas, a possibilidade de que algo seja feito com esse sofrimento, possibilitando a criação, por parte do sujeito, de novas formas de se enlaçar à vida.

Dentro dessa perspectiva, consideramos que o trabalho possível junto a velhice em um hospital pode levar a um ato de subjetivação que produza novos posicionamentos por parte do sujeito diante da existência. Tal ato de subjetivação, a nosso ver, tem relações próximas com aquilo que Berlinck nomeia como "envelhescência" (Berlinck, 2000).

Para Berlinck, a "envelhescência" se configura como um paradoxo, pois é o fruto de um desencontro. De um lado, o corpo que se transforma ao longo do tempo, e do outro, o inconsciente com sua atemporalidade constitutiva. Efetivamente, há um desencontro, mas passível de ser experenciado de diferentes maneiras.

Nesse contexto, a envelhescência não deve ser entendida como sinônimo de envelhecimento, pois ela se estrutura como uma possibilidade, que pode se efetivar ou não. De acordo com o autor:

> A envelhescência se distingue do envelhecer porque este é considerado, em nossa sociedade, como um estágio da vida que é desprezível. Os velhos são considerados uma espécie de praga que ataca as contas da previdência social, encarece o seguro saúde, pesa na vida dos mais jovens. Na envelhescência, ao contrário,

> o sujeito se vê na contingência de ter de pensar sua velhice, ou seja, distingui-la do preconceito e do estigma para que possa ser vivida com um mínimo de dignidade. Esse trabalho de pensamento é, via de regra, um esforço solitário, que pode enriquecer o mundo interno do sujeito. (Berlinck, 2000, p. 03).

Seria possível afirmarmos que o contexto de uma internação hospitalar, momento em que o sujeito se encontra diante de tantas quedas de ideais e perdas, pode se mostrar como espaço possível para que se desencadeie a "envelhescência", permitindo um enriquecimento do mundo interno do sujeito, por meio de um trabalho de pensamento a respeito de velhice?

Nesse contexto, a envelhescência, assim como um trabalho via palavra em um hospital, se articulam como uma possibilidade, que pode vir a se efetivar ou não em um determinado caso. Com a envelhescência, há uma oferta de trabalho, e, consequentemente, um ato de subjetivação.

> A envelhescência, por sua vez, é puro reconhecimento desse estranho encontro que adquire um efeito de significante. A envelhescência é um significante como o ato falho, como o sonho ou o dito espirituoso. Talvez seja até mais do que isso, pois supõe, necessariamente, um trabalho do eu, enquanto o sonho, o ato falho, o dito espirituoso podem se resumir num sintoma que se repete interminavelmente sem produzir jamais, um efeito de subjetivação. A envelhescência é um ato de subjetivação! (Berlinck, 2000, p. 03)

CONSIDERAÇÕES FINAIS

Nosso percurso buscou a articulação entre temas de grande complexidade. Em função disso, não se deve considerar que as discussões levantadas aqui tenham sido esgotadas.

Buscamos, ao iniciar uma reflexão a respeito de aspectos relacionados ao envelhecimento na atualidade, um maior entendimento de algumas das condições que possibilitaram que a velhice seja entendida como mais uma etapa da vida. No entanto, nos pareceu conveniente observar que é possível que a positivação relacionada a velhice na atualidade (tal como Birman nos coloca) guarde em si traços que, de forma diferente da modernidade, levem a um novo tipo de negativização da velhice.

Foi nesse momento que surgiu, em nossa discussão, a necessidade de direcionarmos nossa reflexão para a ocorrência da internação hospitalar e para alguns aspectos subjetivos do envelhecimento. O velho que se interna se depara com uma ruptura com um discurso estabelecido, tendo de se haver, muitas vezes de forma extrema, com diversas e diferentes tipos de perdas.

Nossa aposta, nesse sentido, relaciona-se a possibilidade de que um trabalho subjetivo se torne possível justamente nesse delicado momento, desencadeando aquilo que Berlinck (2000) nomeou como envelhescência. O importante, aqui, é considerarmos que a internação possa ser tomada a partir de um outro ponto de vista, se constituindo, na melhor das hipóteses, como o ponto de partida para o estabelecimento de novos laços entre o sujeito e a vida.

Julgamos importante, para um analista que atua no contexto de internação, a possibilidade de que o caso possa vir a ser manejado com o auxílio desse significante e o que ele suscita. Trabalharmos com a noção de envelhescência, nesse sentido, pode nos auxiliar na abordagem dos casos, permitindo que o sujeito constitua um saber sobre o real que o invade, seja em função do envelhecimento ou por causa de especificidades da internação hospitalar. Inicia-se assim, um trabalho de subjetivação que pode ter início na conjunção de dois momentos que guardam em si suas especificidades: o envelhecimento e a internação hospitalar.

Temos diante de nós uma aposta e um campo de investigação. Por um lado, apostamos que o desencontro inerente a envelhescência pode suscitar, em alguma medida, uma relação com o desencontro promovido pela internação hospitalar, levando-nos em direção a novos giros discursivos por parte do sujeito. Por outro lado, admitimos que se fazem necessários maiores reflexões que nos permitam estabelecer o real alcance do saber que daí possa surgir.

REFERÊNCIAS BIBLIOGRÁFICAS

Berlinck, M. T. (2000). A envelhescência. *Psicopatologia Fundamental*. São Paulo: Escuta.

Birman, J. (2013) A terceira idade em questão. *Revista de São Paulo*, 24(58), 50-68.

Canguilhen, G. (2010). *O Normal e o Patológico*. (6ª edição revista). Rio de Janeiro: Forense Universitária

Freud, S. (1914/1996). Sobre o narcisismo: uma introdução (1914). In: Freud, S. (1996). *Edição standard brasileira das obras psicológicas completas de Sigmund Freud*. Rio de Janeiro: Imago, vol. 14.

Freud, S. (1915/1996). O Inconsciente (1915). In: Freud, S. (1996). *Edição standard brasileira das obras psicológicas completas de Sigmund Freud*. Rio de Janeiro: Imago, vol. 14.

Moretto, M. L. T. (2001) *O que pode um analista no hospital?* São Paulo: Casa do Psicólogo

Mucida, A. *O sujeito não envelhece – Psicanálise e velhice*. (2. Ed.). Belo Horizonte:

Autêntica, 2006.

Mucida, A. (2009) Identificação e envelhecimento: do espelho que não se quebra e outros espelhos. (Versão Eletrônica). *Kairós Gerontologia*. Vol. 12. Recuperado em 31/05/2017, de: https://revistas.pucsp.br/index.php/kairos/article/view/2666/1711

Mucida, A. (2015). Direção do tratamento na clínica com idosos. (Versão Eletrônica). *Revista Brasileira de Ciências do Envelhecimento Humano*. Vol. 12, nº3. Recuperado em 31/05/2017, de: http://seer.upf.br/index.php/rbceh/article/view/6084

Rosa, C. M. (2015). Envelhecer em tempos de juventude: corpo, imagem e temporalidade. Tese de Doutorado. Programa de pós-graduação em psicologia da Puc-Rio, Pontifícia Universidade Católica do Rio de Janeiro. Rio de Janeiro: Departamento de Psicologia

Rosa, C. M. Vilhena, J. (2016). O silenciamento da velhice: apagamento social e processos de subjetivação. Revista Subjetividades. 16 (2).

SEGUNDA PARTE

O CUIDADO AO IDOSO FRÁGIL E DEPENDENTE NO CONTEXTO FAMILIAR - CONTRIBUIÇÕES WINNICOTTIANAS

Hellen Karlla de Campos
Orestes Diniz Neto

INTRODUÇÃO

A temática do cuidado a idosos dependentes torna-se, cada vez mais, alvo de interesse para o campo da Saúde Pública. O processo de envelhecimento populacional, ocasionado em virtude da redução da taxa de fecundidade e da taxa de mortalidade a partir da segunda metade do século XX, vem ocorrendo não apenas em termos de diferenciação da proporção entre a faixa etária de idosos em relação às demais, mas também em termos da composição etária dentro do próprio grupo dos idosos. Há um aumento dos idosos ditos *muito idosos*, aqueles acima de 80 anos, e, embora ainda apresente pequeno contingente, este é o segmento populacional que mais cresce. Estima-se que até 2040 este segmento representará 24,6% da população idosa brasileira e 6,7% da população total (CAMARANO; KANSO, 2013).

Em virtude da expressiva carga de doenças crônico-degenerativas e de limitações funcionais nesta faixa etária, a dependência do idoso por cuidados é uma realidade já presente em algumas famílias brasileiras. Camarano e Kanso (2013) apontam que, em 2008, 15,2% dos idosos brasileiros possuíam dificuldade para realizar atividades básicas de vida diária (ABVDS) e que este perfil funcional foi encontrado em 19% das famílias que continham idosos.

O termo dependência possui relação com o conceito de fragilidade na prática geriátrica. No entanto não há um consenso na literatura geriátrica sobre o quê de fato configura a síndrome da fragilidade no idoso. Ferriolli, Moriguti e Formighieri (2013), remontam à complexidade própria a esta definição conceitual. Segundo estes autores as controvérsias existem em torno das proposições de base fisiopatológica que, em virtude de uma redução da reserva funcional e da disfunção de diversos sistemas orgânicos do idoso, indicam uma redução acentuada da capacidade de restabelecimento das funções do organismo após agressões diversas (CALDAS, 2003).

Embora possa ser considerado um desfecho da síndrome ou um fator que contribui para o seu desenvolvimento, o critério da funcionalidade não abarca o quadro necessariamente multissistêmico da fragilidade (DUARTE; LEBRÃO, 2013). Contudo, diante da ausência de clareza quanto a um mecanismo fisiopatológico para a fragilidade e quanto à própria definição deste conceito, a abordagem funcional é muito utilizada, pois propicia um meio direto e objetivo para avaliar necessidades e determinar a utilização dos recursos na prática clínica.

Através da escala da funcionalidade avalia-se o grau de dependência do idoso em termos da função ou capacidade para a execução de atividades de vida diária (AVDS) - básicas, instrumentais e avançadas. As AVDS englobam habilidades e aptidões quanto ao autocuidado, à capacidade para levar uma vida independente na comunidade, incluindo-se a participação na vida econômica e social e a capacidade para tomada de decisões sobre o uso de seus próprios recursos sem auxílio de terceiros (PITAUD apud CALDAS, 2003, p. 775). De tal modo, de acordo com o grau de dependência para a realização de tais tarefas, esta pode ser leve, moderada ou grave e a demanda por um cuidador poderá existir. Logo, idosos com dependência para atividades de vida diária básicas, tais como alimentar-se, tomar banho e vestir-se demandam assistência em tempo integral.

Este conjunto de fatores clínico-funcionais transforma os *idosos muito idosos* no grupo que mais necessita de cuidados e de serviços de suporte formal, informal e comunitário (FERRIOLLI; MORIGUTI; FORMIGHIERI, 2013). As legislações e formulações de políticas públicas afirmam a corresponsabilidade do Estado, da comunidade e das famílias pela prestação de proteção e cuidado à pessoa idosa no cenário internacional, mas, na prática, especialmente em países em desenvolvimento, a família ainda é vista como a fonte de apoio informal mais direta para os idosos, quando não a única (CAMARANO et al., 2004).

No cenário brasileiro, desde a Portaria Ministerial nº 1395 de 1999, que anuncia a Política Nacional de Saúde do Idoso, a legislação assume como principal problema para a saúde da pessoa idosa a perda da autonomia e da capacidade funcional. Ao final da década de 1990 e início da década de 2000 a prática ainda se encontrava insatisfatória. Em face das necessidades ainda existentes quanto à proteção, promoção, manutenção, e recuperação da saúde da pessoa idosa, a Política Nacional de Saúde da Pessoa Idosa foi instituída em 2006, direcionando medidas coletivas e individuais em saúde para esse fim (BRASIL, 2006).

Entre as diretrizes desta política vê-se uma ênfase na promoção do envelhecimento ativo e saudável e no estímulo às ações intersetoriais, com vistas a fortalecer a integralidade do cuidado. Para tanto, se faz necessário enfrentar alguns desafios relativos à escassez de redes e estruturas de cuidado que amparem, qualifiquem e potencializem, constantemente, o cuidado à pessoa idosa tanto na transição do cuidado hospitalar para o domiciliar, quanto na manutenção do cuidado realizado no âmbito domiciliar (BRASIL, 2006).

Küchemann (2012) pontua que, a despeito de políticas públicas que consideram o cuidado a este grupo de corresponsabilidade da família, do Estado e da sociedade, na prática, o que se verifica é a predominância do cumprimento dessas responsabilidades no âmbito privado. Vários são os fatores que contribuem para que assim o seja. Na América Latina, de modo geral, há uma cultura de transferência de apoio intergeracional ao longo de todo ciclo familiar que reforça o enxugamento da participação do Estado. Políticas de cuidado de longa permanência que impliquem no afastamento do idoso do meio familiar, por exemplo, não constituem uma prática comum nestes países e são culturalmente vistas de modo negativo, tanto pelos idosos, quanto por seus familiares (CALDAS, 2003; CAMARANO ET AL, 2004).

A conjuntura econômica e social, marcada pela pobreza, pelo desemprego e pela má distribuição de renda também fazem da co-residência uma opção associada a melhores condições de vida para as famílias. Embora a participação dos idosos na renda familiar seja expressiva, em virtude da renda do benefício social, o montante de recursos do qual a família dispõe para suprir as necessidades dependerá da flutuação das oportunidades no mercado de trabalho e de cada momento do ciclo familiar, que determina quais membros serão os encarregados do cuidado aos mais dependentes no domicilio (CAMARANO ET AL, 2004; CAMARANO E KANSO, 2013).

Esse cenário político, econômico e cultural determina quase compulsoriamente a primazia do suporte informal aos idosos dependentes. Caldas (2003, p. 777) alerta para o fato de que, embora "a legislação e as políticas públicas afirmem e a própria sociedade acredite que os idosos devam ser cuidados pela família (por questões morais, econômicas ou éticas), não se pode garantir que a família prestará um cuidado humanizado".

A autora acrescenta que, não raro, verificam-se situações nas quais os membros da família não estão disponíveis ou apresentam despreparo e/ou sobrecarga diante desta responsabilidade. A qualidade e a humanização do cuidado encontram-se, muitas vezes, subsumidos em meio às vulnerabilidades dos membros e da família como um todo, aumentando a possiblidade concreta de serem perpetrados abusos e maus-tratos.

No âmbito acadêmico, a própria conceituação de "cuidado" da qual se vale os estudos não é, por vezes, clara. Gutierrez e Minayo (2010), em uma revisão de literatura envolvendo publicações sobre cuidados de saúde no âmbito da família, constatam que os conceitos de cuidado utilizados ainda se apresentam de modo insuficiente para sustentar as discussões propostas. Dentre as carências identificadas nos estudos, aquelas relativas ao rigor conceitual dos temas referentes às práticas de cuidados no seio da família são as de mais expressiva relevância.

Gutierrez e Minayo (2010) discutem o papel da família enquanto produtora de cuidados em saúde, diferenciando-a da rede oficial, cujas práticas encontram-se amparadas no saber biomédico-científico e nas tecnologias terapêuticas modernas. As autoras acrescentam, ainda, que há uma indiferença dos serviços quanto ao importante papel desempenhado pela família na produção de cuidados, e que se fazem necessários estudos que descolonizem as práticas em saúde no âmbito domiciliar e familiar do discurso médico científico, reduzido a prescrições de ações e procedimentos técnicos, para dar lugar a uma concepção de saúde e de cuidados mais coerente com o tipo de cuidado indispensável produzido neste âmbito.

Outra indicação importante acerca de aspectos teórico-conceituais é feita por Gil (2010). A autora reconhece como demanda e desafio na atualidade uma compreensão do idoso

> "não como uma categoria a ser estudada em uma relação marcada pelo paradigma sujeito-objeto, mas sim levando em conta a aproximação do ser humano em uma dimensão existencial, considerando seus aspectos singulares e sua subjetividade, em uma clara relação sujeito-sujeito" (GIL, 2010, p. 21).

Nesse sentido, a Psicanálise, com seu corpo teórico-conceitual, pode e deve dar algumas contribuições acerca da clínica do cuidado aos idosos, tanto por seu potencial explicativo do lugar do cuidado nas relações intersubjetivas, quanto pelo lugar importante atribuído ao outro, enquanto alteridade, para todos os sujeitos, em todos os momentos de seu desenvolvimento físico, afetivo e dinâmico. Além disso, a escassa produção acadêmica no campo teórico psicanalítico a respeito da clínica psicogeriátrica justifica a realização de estudos interdisciplinares com a gerontologia.

Dentre os autores deste campo, Donald W. Winnicott destaca-se por suas contribuições de uma noção de cuidado. Em sua prática clínica, voltada predominantemente a atendimentos sistemáticos de bebês e de suas respectivas mães, no campo da pediatria, e de adultos psicóticos regredidos, a temática da dependência ocupa um lugar central. Suas teorizações visavam identificar aspectos essenciais da existência humana, sendo a questão central de seu interesse a de saber quais as condições ambientais capazes de favorecer, ou que falham em favorecer, o desenvolvimento de um individuo em estado de dependência absoluta para um estado em que ele pode, ele mesmo, se cuidar (DIAS, 2010).

Em virtude de seu potencial teórico-clínico diante de situações em que a dependência se apresenta e do lugar central que confere ao cuidado no processo de constituição da subjetividade de um indivíduo, em uma relação intersubjetiva, as possíveis contribuições deste autor ao campo da gerontologia se fazem oportunas. Este fato, juntamente com o que foi anteriormente exposto, justifica a realização de um estudo teórico que privilegie o diálogo entre as produções acerca do cuidado à pessoa idosa no âmbito da família e o campo winnicottiano.

Assim, o objetivo deste trabalho é indicar possíveis contribuições da teoria de Donald W. Winnicott à temática do cuidado ao idoso frágil e/ou em estado de dependência no contexto domiciliar e familiar. Dentro desta perspectiva é relevante identificar a noção de cuidado apresentada pela abordagem psicanalítica de Donald W. Winnicott, a partir dos contextos em que essa noção aparece na obra do autor. Desta feita é possível relacionar a teoria winnicottiana sobre o cuidado da mãe para com o bebê em estado inicial de desenvolvimento (período de dependência absoluta) através dos conceitos de *mãe suficientemente boa* e *preocupação materna primária*, ao contexto familiar de cuidado ao idoso frágil e dependente. E assim, ressaltar a importância das relações intersubjetivas e do papel do outro na prática do cuidado, mais além do suporte do saber biomédico-científico e das tecnologias terapêuticas modernas.

Para tanto realizou-se esta pesquisa[24], caracterizada como um estudo teórico, lidando com a interface entre a psicanálise winnicottiana e o campo da geriatria. As orientações para elaboração deste estudo serão tomadas a partir do método dialético de revisão de bibliografia, referenciados por Lima e Mioto (2007). Este desenho metodológico compreende aproximações sucessivas dos conteúdos que versam sobre o objeto de estudo e no qual a apreensão dos dados se dá de modo flexível e dinâmico, além de permitir uma revisão constante deste objeto. Trata-se de "um movimento incansável de apreensão dos objetivos, de observância das etapas, de leitura, de questionamentos e de interlocução crítica com o material bibliográfico" (LIMA; MIOTO, 2007, p. 37).

---

24 Pesquisa esta realizada como requisito parcial para conclusão do curso de especialização da Residência Integrada Multiprofissional em Saúde do Idoso do Hospital das Clínicas de Minas Gerais (HC-UFMG).

A instrumentalização e interpretação dos resultados se deram a partir da técnica de investigação dos materiais selecionados, compreendendo cinco fases estratégicas de leituras: (1) leitura de reconhecimento do material bibliográfico; (2) leitura exploratória; (3) leitura seletiva; (4) leitura reflexiva ou crítica e (5) leitura interpretativa (LIMA; MIOTO, 2007).

Esta estratégia de pesquisa e de busca de referências bibliográficas teve, inicialmente, como critério a escolha intencional de coletâneas de textos e capítulos de livros de Donald W. Winnicott que indiquem, em sua teoria do amadurecimento, aspectos da noção de cuidado e que teorizem sobre o papel da mãe, enquanto aquela que provê um ambiente suficientemente bom para o desenvolvimento do bebê em seu estado inicial de dependência absoluta. Envolveu também a escolha intencional de artigos e obras de estudiosos do pensamento de Winnicott, em particular, aqueles que viabilizassem aproximações entre esta perspectiva teórica e o campo da geriatria.

Além disso, foram realizadas buscas por artigos disponíveis no portal da *Biblioteca Virtual em Saúde* (BVS), na *APA PsycNet* e no portal de periódicos *CAPES*, a partir dos seguintes cruzamento de palavras-chave: "Winnicott and elderly", "Winnicott and idoso", "winnicott AND (Elderly OR aged)" e winnicott AND (Elderly OR aged). Estas buscas geraram, respectivamente, os seguintes números de resultados: 5, 4, 20 e 25, os quais abarcam artigos, dissertação e teses, disponíveis na íntegra, publicados nos idiomas inglês e português.

O critério de seleção das publicações priorizou trabalhos que estabelecessem relações entre a abordagem winnicottiana e a temática dos idosos. Dentre estes, foram escolhidos os que apresentaram contribuições acerca da especificidade desta etapa do amadurecimento emocional, tais como tarefas e desafios a ela inerentes, bem como acerca de uma noção de cuidado ou de ambiente suficientemente bom a este grupo etário. A partir destes critérios, foram selecionados 5 publicações por título; 3 pelos respectivos resumos e apenas uma publicação foi selecionada na íntegra, a saber, da autora Lins (2003).

INTRODUÇÃO À TEORIA WINNICOTTIANA DO AMADURECIMENTO

Donald W. Winnicott era médico, pediatra e tornou-se psicanalista em virtude de convicções derivadas de sua prática clínica. Embora o autor reconhecesse a importância de sua formação médica, que se deu em 1920, considerava inadequado o modelo puramente organicista para a compreensão dos fenômenos da saúde e da doença (DIAS, 2002).

Os diagnósticos dos distúrbios pediátricos, a seu ver, não poderiam desconsiderar os aspectos psicológicos subjacentes, tendo em vista a artificialidade da separação do aspecto físico deste primeiro, sendo esta a razão pela qual viu na teoria psicanalítica freudiana um modelo investigativo e explicativo pertinente para estas questões (DIAS, 2002).

Desse modo, a partir de suas observações na prática clínica, sustentava que o adoecimento de bebês em estágios iniciais de vida mantinha relações com dificuldades emocionais primitivas, decorrentes da relação inicial entre eles e suas mães. Donald Winnicott enfatiza a possibilidade destes distúrbios se darem de modo muito precoce, já nos primeiros dias e meses de vida do bebê e confere um importante lugar aos fatores psíquicos no aparecimento destes (DIAS, 2002, 2003, 2010).

Este autor parte do pressuposto, portanto, de que qualquer aspecto de um indivíduo, saudável ou doente, terá relação com os processos iniciais do seu desenvolvimento, o que também significa dizer que, o modo como o amadurecimento humano se dá, marcado por estágios e com respectivas tarefas a eles inerentes, permite esclarecer qualquer aspecto da natureza humana. Para isso, privilegia os estágios iniciais da vida de um indivíduo, tomando como ponto crucial para o estudo da natureza humana a vulnerabilidade inicial do bebê dependente e a importância do ambiente para o desenvolvimento e amadurecimento emocional acontecerem (Dias, 2003).

O amadurecimento que não se dá de modo adequado nos momentos iniciais da vida implica em distorções de aspectos vitalmente importantes da maturação da personalidade. Dentre as implicações clínicas decorrentes estão a falsa autodesefesa (falso *self*), a personalidade esquizóide e as psicoses, temática pela qual Winnicott também se interessou e a ela dedicou um trabalho sistemático. O trabalho clínico com várias formas de esquizofrenia adulta o levou a reafirmar alguns pressupostos básicos de sua teoria, tais como a importância do momento inicial do desenvolvimento emocional e psíquico de um indivíduo. O psicanalista inglês percebeu a existência de relações entre os fenômenos presentes na equizofrenia e o amadurecimento emocional nos estágios primitivos, conferindo à psicose – e não à neurose, como de costume à época no campo das produções psicanalíticas – um meio também privilegiado para a investigação da natureza e essência humanas (DIAS, 2003).

Pode-se ainda ressaltar que a teoria winnicottiana versa sobre "a história real das relações de um indivíduo com o seu meio ambiente, desde o início da vida" (DIAS, 2003, p. 217), e tem como questão central as condições ambientais favoráveis para que um indivíduo desenvolva-se a partir da dependência absoluta rumo à dependência relativa e à independência (DIAS, 2010).

O que se verifica, em última instância, é que a teoria dos distúrbios psíquicos, bem como a noção de saúde em Winnicott, tem como quadro e fundamento a teoria do amadurecimento por ele formulada. Dias (2003) observa que a teoria winnicottiana do amadurecimento está fundada sobre duas concepções básicas: a tendência inata ao amadurecimento da qual todo indivíduo é dotado e a existência contínua de um ambiente facilitador. O que estará em jogo nesse processo de amadurecimento "não são funções isoladas, sejam elas biológicas, mentais ou sexuais, mas o próprio viver humano, naquilo que este tem de estritamente pessoal: o sentimento de ser, de ser real, de existir num mundo real como um si-mesmo" (Dias, 2003, p. 97). Por isso, a importância de acrescentar que esta teoria do amadurecimento está na vertente do campo emocional e pessoal.

Winnicott (1958/2011) apresenta a tendência inata ao amadurecimento enquanto potencialidade herdada para que um processo evolutivo emocional e psicológico aconteça. Será ao longo do primeiro ano de vida que este potencial poderá, ou não, se tornar realidade, caso o bebê encontre as condições necessárias para que a potencialidade se concretize enquanto amadurecimento. Será também neste período que as fundações da saúde mental, ou seja, as bases da personalidade se erigirão. A facilitação ambiental, ou seja, os cuidados que são fornecidos ao infante, de tão essenciais no período inicial de dupla dependência, impossibilitam qualquer descrição do bebê, se dele separado.

De todo modo, o importante a ser ressaltado é que a tendência inata ao amadurecimento diz respeito a um pressuposto winnicottiano de que todo indivíduo tende a sair do estado de dependência absoluta para o de dependência relativa e de independência ou de autonomia. Isto significa dizer que todo bebê tende a uma personalidade integrada em uma unidade, a adquirir um *status* de indivíduo. No entanto, esta tendência, por si só, não basta para que o amadurecimento aconteça, este só ocorrerá com a intervenção de um ambiente facilitador, o que confere um lugar central ao ambiente nesta teoria.

A conquista da independência se dá de modo gradual, marcada pela recorrência da dependência, e de modo não definitivo, ou seja, uma conquista pode ser perdida e novamente alcançada, conforme o percurso feito pelo individuo e, especialmente, conforme a suficiência das condições ambientais a ele providas (WINNICOTT, 1958/2011).

Winnicott (1962/1983) apresenta este momento em que o bebê inicia a vida enquanto pessoa como sendo o momento em que acontecimentos funcionais e instintivos do cérebro, relativos ao que se poderia denominar de *isso*, começam a se organizar sob a forma do *eu*. O *eu* é essa porção da personalidade sobre a qual Winnicott diz tender à integração em uma unidade. Trata-se de uma organização primeira, inaugural da existência do sujeito enquanto pessoa, mas ainda menos complexa que a organização denominada como *self* por este autor. Esta diz respeito à totalidade da própria pessoa, incluindo ainda outros aspectos importantes, tais como o vínculo do indivíduo com os objetos internos e externos e sua capacidade de se relacionar com os objetos externos.

O desenvolvimento do eu é caracterizado por três tendências, como assinala Winnicott (1962/1983) em *A integração do ego no desenvolvimento da criança*: tendência à integração, à personalização e a iniciar as relações objetais. Estas ocorrerão por meio de condições ambientais suficientemente boas, que envolvem: o cuidado (*holding*), o manejo (*handling*) e a apresentação de objetos, sendo indispensável o apoio do funcionamento do ego daquele responsável pela assistência ao bebê.

O bebê, para Winnicott (1962/1083, p. 56), está, "continuamente, a *pique de sofrer uma ansiedade* inimaginável", acontecimento este que deve ser evitado, pois marca uma descontinuidade na existência do bebê, podendo instaurar um padrão de fragmentação do ser. O provimento ambiental, neste sentido, consiste em uma segurança (*holding*) suficientemente boa a fim de que sejam evitadas reações excessivas e prolongadas do bebê às ditas ansiedades inimagináveis e só pode ser feito por outra pessoa, que possua a capacidade de se colocar no lugar do bebê de modo sensível e adaptado às suas necessidades. O amor aqui, diz Winnicott (1962/1983), é expresso em termos de cuidados gerais com o corpo do bebê.

A presença de uma alteridade, do outro em sua concretude, é, portanto, indispensável para este autor, não apenas nos estágios primitivos do desenvolvimento, mas ao longo de toda vida de um indivíduo. E a noção de saúde apresentada por este autor relaciona-se às três tendências supracitadas.

Winnicott (1967/1999) apresenta algumas formulações sobre a noção de saúde atrelada à sua teoria psicanalítica do amadurecimento emocional. De início, esclarece que o conceito de independência por ele abordado, enquanto equivalência de saúde, não implica em um sujeito isolado, independente e invulnerável à sociedade da qual faz parte. Acrescenta ser necessária uma conceituação de saúde em conformidade com o estágio no qual o indivíduo se encontra. Desse modo, o autor descontrói estereotipias imputadas às fases do desenvolvimento sob o rótulo de "desajustamento" ou "doença"; ressalta, assim, o aspecto saudável de se verificar exatamente o que é esperado a cada fase. A avalição da maturidade emocional e da saúde de um indivíduo só pode se dar em relação à sua idade no momento e considerando-se as tarefas diante das quais o mesmo se encontra. Por vezes, uma reação forte de um indivíduo em face de um determinado acontecimento pode ser considerada mais saudável a uma reação aparentemente mais adaptada, pois possibilita ao indivíduo uma experiência real em uma idade apropriada (DIAS, 2002).

Winnicott (1967/1999) apresenta um panorama dos estágios através dos quais um indivíduo saudável percorre ao longo de seu desenvolvimento psíquico. Neste percurso, o autor diz que os impulsos instintivos, localizados como relativos ao *isso*, precisam ser considerados em qualquer avaliação sobre saúde, já que imaturidade na vida instintiva também apresenta "risco de doença no indivíduo, na personalidade, no caráter e no comportamento" (WINNICOTT, 1967/1999, p. 9).

Contudo, sua noção de saúde não significa apenas ausência de distúrbios psiconeuróticos. Considera mais interessante uma noção de saúde que se valha de critérios que considerem os aspectos do eu em sua complexidade maturacional. Estes aspectos remontam, inevitavelmente, aos estágios pré-genitais e pré-verbais do desenvolvimento individual e à provisão ambiental indispensável neste período.

Nesse sentido, saúde para Winnicott (1967/1999) relaciona-se à tendência do indivíduo à integração, à personalização e a se relacionar com objetos. O individuo saudável, portanto, é aquele que adquire um senso de *self*, um senso de ser, ou seja, aquele que se sente real e que possui algum grau de constância objetal. E, tendo alcançado esse grau razoável de organização, continuar a se desenvolver emocionalmente é um traço importante de saúde.

Winnicott (1988/1990) pontua que um adulto saudável continua a crescer, desenvolver e a mudar até o momento de sua morte. Uma pessoa saudável terá, então, outras tarefas com as quais lidar. O desenvolvimento gradual da independência em relação ao ambiente o leva à socialização e a tarefas que dizem respeito à sua relação com a sociedade. É preciso que um indivíduo se identifique com a sociedade e, aqui, a noção de saúde subjacente e indispensável é que seja conservada a individualidade e a pessoalidade do indivíduo neste processo. Uma identificação extremada, que sacrifique o próprio *self*, é um fator de adoecimento.

A importância do ambiente prossegue ao longo de todas as etapas do amadurecimento do indivíduo, incluindo a fase adulta e a velhice. O modelo a partir do qual Winnicott apresenta o ambiente suficientemente bom nos estágios primitivos do amadurecimento é o da *mãe suficientemente boa*. Sobre este, apresentaremos suas teorizações de modo mais detido nos momentos iniciais da vida do bebê (integração, personalização e relação com objetos externos), a fim de identificar uma noção de cuidado, de ressaltar a importância das relações intersubjetivas e do papel do outro nesta prática e, por fim, para relacionar este ponto da teoria winnicottiana ao contexto familiar de cuidado ao idoso frágil e dependente.

A MÃE SUFICIENTEMENTE BOA

Winnicott (1957/2012), em uma comunicação dirigida às mães em um programa de rádio apresentado na BBC em 1950, descreve diversos aspectos de comportamentos e de cuidados pelas mães dirigidos aos bebês, com o intuito de fazê-las reconhecer uma capacidade natural que possuem para cuidar deles. Winnicott (1957/2012) diferencia, assim, o saber que a mãe possui daquele que ela pode vir a aprender com uma equipe de saúde, como com o médico ou com a equipe de enfermagem.

O saber da mãe, adquirido naturalmente, via intuição e que caracteriza um estado mental, deve anteceder o aprendizado de conhecimentos advindos de pesquisas científicas, sendo pré-condição para que qualquer informação aprendida, ou seja, advinda da transmissão feita por uma equipe, possa ser assimilada. O autor acrescenta que o que quer que se possa ensinar a uma mãe deve ser feito de modo a não perturbar este estado natural no qual ela se encontra e que a capacita a cuidar de seu bebê independentemente de qualquer outro aprendizado (WINNICOTT, 1957/2012).

A mãe possui, dentre outros, um saber especializado importante para a construção dos alicerces da saúde mental do novo indivíduo, do qual não se dá conta, a saber, o modo de segurá-lo. Ao fazê-lo, as mães são dotadas de um senso de responsabilidade que implica em um envolvimento especial das mesmas nesta tarefa (WINNICOTT, 1957/2012).

Segurar o bebê (*holding*) de modo seguro, sem ansiedade ou medo de deixá-lo cair, adaptando o próprio corpo em termos de pressão exercida sobre ele e na adequação da movimentação feita, oferece ao bebê uma representação do mundo através da mãe. Através deste espaço circundante criado pela mãe, que confere uma sensação básica de segurança, o bebê pode experimentar o ambiente e descobrir o mundo, a mãe e a si mesmo (WINNICOTT, 1957/2012).

Winnicott (1956/2000) apresenta o lugar da mãe diante do bebê nos estágios iniciais enquanto equivalente a um ambiente suficientemente bom ou não. Assim, a relação mãe-bebê, nas fases iniciais, tem importância máxima até que o bebê adquira independência. Ele empreende uma análise dessa relação fora do campo puramente biológico, interessando-se mais pela diferença psicológica entre, por um lado, a identificação da mãe com o bebê e, por outro, a dependência absoluta deste em relação à primeira. O autor apresenta o condicionamento da mãe para a tarefa de lidar com as necessidades do recém-nascido em termos de "identificação – consciente, mas também profundamente inconsciente – que a mãe tem com o seu bebê" (WINNICOTT, 1956/2000, p. 400).

A função materna nas fases primitivas do amadurecimento do bebê encontra importante base em uma condição psiquiátrica e psicológica específica na qual a mãe encontra-se. Trata-se de uma condição organizada, descrita como equivalente a uma sensibilidade exacerbada durante e ao final da gestação, cuja duração é de algumas semanas após o nascimento do bebê e da qual a mãe irá gradativamente se recuperar. Embora se assemelhe a uma doença é indicativo de boa saúde.

Desse modo, nem todas as mulheres, ao se tornarem mães, apresentam este estado, podendo uma mesma mulher apresentá-lo diante de um filho e não diante de outro (WINNICOTT, 1956/2000). Winnicott (1956/2000) acrescenta que a capacidade de reconhecer a dependência absoluta deste organismo em início de vida, bem como a capacidade para a preocupação materna primária, dizem respeito a uma sofisticação extrema em termos de desenvolvimento emocional de um indivíduo, nem sempre alcançável pelos adultos.

Este estado, nomeado como *preocupação materna primária*, possibilita à mãe colocar-se no lugar do bebê e adaptar-se de modo sensível e delicado às necessidades corporais do mesmo. Será na medida de sua capacidade de identificar-se ao bebê que a mãe, ou sua substituta, estará em condições de adaptar-se suficientemente bem às necessidades do infante, propiciando, assim, um contexto favorável para a constituição do eu deste (WINNICOTT, 1956/2000).

A partir da adaptação materna, o bebê encontra proteção contra as reações às intrusões que instauram uma descontinuidade do ser do bebê. O autor chama de intrusão todo e qualquer processo ou estímulo que constitui uma ameaça à continuidade de ser do lactente ou ao isolamento do *self* verdadeiro, enquanto potencial herdado, diante da qual é necessária uma reação do lactente para preservar esta continuidade. A intrusão não é um fator que indica, por si só, que o lactente está vivenciando o traumatismo de uma sedução, com a qual o *self*, enquanto potencial de vir-a-ser pessoal do indivíduo, não está equipado a se defrontar. Por vezes, a intrusão confere uma "experiência ego-sintônica do id", ou seja, é recebida e manejada pela organização do eu e absorvida na área da onipotência do lactente (WINNICOTT, 1960/1983, p. 46). Os processos de maturação, nos quais há facilitação pelos seres humanos, culminam em repudiação do que é não-eu e em constituição do eu (WINNICOTT, 1966/2012).

Em casos em que há falhas ambientais, ou seja, desadaptação da mãe às necessidades do bebê, a continuidade do ser é interrompida por reações excessivas às consequências dessa falha. Essas interrupções constituem o aniquilamento. A esse respeito, o autor acrescenta:

> Neste lugar que é caracterizado pela existência essencial de um ambiente sustentador, o "potencial herdado" está se tornando uma "continuidade do ser". A alternativa a ser é reagir, e reagir interrompe o ser e o aniquila. Ser e aniquilamento são as duas alternativas. O ambiente tem por isso como principal função a redução ao mínimo de irritações a que o lactente deva reagir com consequente aniquilamento do ser pessoal (WINNICOTT, 1960/1983, p. 46).

A mãe concede ao bebê uma base para que o bebê se recupere de uma ameaça de aniquilação que não se cumpriu e para que, tendo se recuperado repetidamente das mesmas, adquira um sentimento de confiança na recuperação. A unidade mãe-bebê deve funcionar de modo a evitar excessivas reações, para além do que pode ser experimentado sem uma perda da continuidade do ser. A partir destas experiências de oscilação entre a atividade e a quietude, que confere ao bebê a capacidade de esperar a recuperação após as reações às aniquilações, o eu do bebê se forma, juntamente com a capacidade do mesmo de suportar frustrações (WINNICOTT, 1956/2000).

Winnicott (1960/2011) acrescenta ainda que somente na presença de uma mãe suficientemente boa o bebê pode iniciar o processo de desenvolvimento pessoal e real. Faz-se necessária uma maternagem boa o suficiente para que um verdadeiro self se forme ao invés de uma formação de um acumulado de reações à intrusão. Contudo, inicialmente o self existe apenas enquanto potencial. Ao bebê será necessário um percurso da não-integração à integração, bem como iniciar o processo de construção de uma pessoa (personalização), que consiste no estabelecimento de um vínculo entre o corpo e as funções corporais e aquele pelo qual se estabelece a capacidade de relacionar-se com objetos.

Estes processos se tornam possíveis na parceria mãe-filho, ao que é necessário acrescentar não se tratar de uma parceria consistente de modo mecânico e automatizado, mas implicada na empatia materna (WINNICOTT, 1960/1983). Winnicott (1960/2011) ressalta as funções da mãe nesta relação, a qual deve, além de se identificar com o bebê, oferecer-lhe apoio através de seu próprio eu, o qual influenciará a formação de um eu forte ou fraco da criança. Além disso, à mãe cabem três funções específicas para cada processo supracitado: o holding, o manejo / a manipulação (handling) e a apresentação de objetos.

Sobre o holding, Winnicott (1960/2011) indica ser uma porção básica de cuidado que, quando experimentada de um modo deficiente, produz extrema aflição na criança, fonte de sensações tais como a de despedaçamento, de estar caindo para sempre, de que a realidade exterior não reconforta a realidade interna e de ansiedades outras, nomeadas como ansiedades psicóticas.

Além disso, a função da segurança desempenhada pela mãe diz respeito, como mencionado anteriormente, aos cuidados com o segurar o corpo do bebê, considerando a sensibilidade cutânea do mesmo, a necessidade de proteção contra agressões fisiológicas e também a necessidade de adequação de uma rotina de cuidados para cada bebê e uma adaptação sensível às mudanças instantâneas ao longo do dia-a-dia que fazem parte de seu desenvolvimento físico e psicológico (WINNICOTT, 1960/2011). Este termo é utilizado também para significar a provisão ambiental total que antecede o momento em que o bebê possui a capacidade para se relacionar com objetos externos, ou seja, quando é possível o uso da expressão "viver com" (WINNICOTT, 1960/1983).

Na função da manipulação, importante para que o processo da personalização ocorra, há a facilitação da parceria psicossomática na criança, como o desenvolvimento do tônus muscular e da coordenação motora, a contribuição para a formação de um sentido de "real", ou seja, da capacidade da criança gozar a experiência de funcionamento corporal em harmonia com seu sentimento de SER (WINNICOTT, 1960/2011). Winnicott (1960/1983) acrescenta que ocorre, assim, uma posição do lactente entre o "eu" e o "não-eu", de modo que as noções de interior e exterior se estabelecem, bem como um esquema corporal.

A apresentação de objetos, em última instância, visa tornar o impulso criativo real, capacitando o bebê não só a se relacionar com objetos, mas a se sentir real em sua relação com o mundo dos objetos e dos fenômenos (WINNICOTT, 1960/2011). O lactente passa a estabelecer um tipo de relação com um objeto objetivamente percebido, ao contrário do relacionamento anterior, com um objeto subjetivamente percebido (WINNICOTT, 1960/1983).

A tarefa da mãe aqui é se adaptar ao mundo subjetivo da criança, com vistas a dar a ela um suprimento básico de experiência de onipotência. Para tanto, faz-se necessária a apresentação de um objeto ao bebê, o qual possui ainda uma expectativa vaga, uma necessidade não-formulada. Ao apresentar o objeto que não está vinculado a uma necessidade já bem formulada pelo bebê, esta adaptação da mãe faz com que o bebê passe a necessitar exatamente do que lhe foi apresentado. O bebê tem a experiência de criação do objeto que acaba de descobrir. Desta experiência decorre sua confiança em ser capaz de criar objetos e um mundo real (WINNICOTT, 1962/1983, 1967/1999). O papel da mãe aqui constitui um importante alicerce para que o contato com o princípio da realidade seja possível.

Winnicott (1968/1999) diz que o estado de unidade ao qual o bebê chega é uma conquista básica para a saúde no desenvolvimento emocional de todo ser humano. A partir da conquista da personalidade unitária o indivíduo pode se identificar a unidades mais amplas, tais como a família, a vida social, as questões políticas, a cidadania, de modo que o ambiente continua tendo significado mesmo depois de transposta a fase inicial de dependência absoluta. Quando um indivíduo atinge a independência, o significado se dará por meio de uma identificação a características deste ambiente inicial. Os aspectos relativos a outros estágios, como a dependência relativa, no entanto, não serão desenvolvidos neste trabalho, tendo em vista os objetivos propostos.

Outras questões, como aspectos patológicos ou distúrbios maternos são apresentadas por Winnicott (1960/2011), e que afetam a preocupação materna primária enquanto uma "vontade e uma capacidade de desviar o interesse do seu próprio self para o bebê" (WINNICOTT, 1960/2011, p. 21). O primeiro diz respeito à incapacidade que algumas mães apresentam de abandonar seus próprios interesses para atingir o estado da preocupação materna primária e, no outro extremo, encontram-se aquelas cuja preocupação se dá de modo excessivo e, portanto, de modo patológico.

Na preocupação patológica, a mãe permanece identificada ao bebê por um longo período de tempo, estando também passível de abandonar subitamente sua preocupação por ele. O autor acrescenta que não apenas esta mãe, mas a grande maioria delas se encontra vulnerável e ressalta a importância de uma proteção estendida em seu entorno, como aquela desempenhada pelo esposo e/ou pai do bebê. A função desta cobertura protetora é possibilitar à mãe estar voltada para os cuidados do neném, abdicando de seu próprio self e de preocupações outras com a realidade externa (WINNICOTT, 1960/2011).

Winnicott (1968/2012) diz que o objetivo de se pensar e teorizar a respeito da relação mãe-bebê não é, exatamente, fazer com que a mãe se torne suficientemente boa, caso ela não seja, embora seja possível realizar algumas interferências. Seu objetivo maior é aprender, a partir do modelo de cuidado da mãe com o seu bebê, quais as necessidades dos pacientes, sobretudo os psicóticos ou que atravessam estados psicóticos. Nesse sentido, estas considerações do autor indicam sobre a possiblidade de identificação da noção de cuidado em sua teoria a partir do par mãe-bebê.

A NOÇÃO DE CUIDADO

A noção de cuidado na teoria winnicottiana aparece atrelada aos conceitos de ambiente satisfatório, bem como ao de mãe suficientemente boa. Em última instância, é através do cuidado que a facilitação do desenvolvimento humano se dá.

Ao longo da teoria winnicottiana alguns postulados são atribuídos ao ambiente, à mãe suficientemente boa e ao tipo de cuidado a ela necessário executar. Dentre eles, o alto grau de adaptação às necessidades do ser cuidado aparece como condição primeira indispensável, cuja base necessária encontra-se na capacidade do indivíduo cuidador, seja ele a mãe, sua substituta ou o pai, de se identificar ao ser em estado de dependência. O conceito de *preocupação materna primária* indica esses pressupostos básicos, passíveis de serem transpostos a situações de cuidado diversas, para além da que se verifica na parceria mãe-bebê.

Winnicott (1967/1999) expressa uma tendência a pensar a provisão ambiental, enquanto adaptação às necessidades primitivas na primeira infância, em termos de *holding*. O autor propõe uma expansão desse conceito para além do segurar físico, que se inicia já na vida intra-uterina. Este conceito comporta uma potencialidade que possibilita uma ampliação de seu alcance em termos de globalidade dos cuidados adaptativos na infância, da função da família e, até mesmo, da noção de "trabalho de caso", apontada pelo autor como a base, por exemplo, da assistência social. Winnicott (1967/1999) acrescenta que qualquer pessoa pode desempenhar a função de segurança, desde que haja capacidade de identificação e percepção do que o outro está sentindo.

A característica da confiabilidade advém do *holding* suficientemente bom, sendo um atributo importante da noção de cuidado em Winnicott. No espaço potencial entre uma criança e a mãe, dependendo da qualidade, consistência e confiabilidade do cuidado por ela prestado, a criança vai experienciar um alto grau de confiança na figura materna, pois esta não lhe faltou diante de suas necessidades ou demonstrou um esforço especial de adaptação a fim de reparar os danos. Winnicott (1970/1999) diz que diante destas atitudes, a criança ou o dependente reúne evidências de que as coisas podem ser consertadas, que alguém "se preocupa com". Adaptação e confiabilidade são, portanto, eixos centrais neste aspecto da teoria winnicottiana.

Winnicott (1970/1997, p. 236) reitera uma noção de cuidado "retirada dos procedimentos do cuidado à criança e da vida familiar, ou da situação de ser uma criança crescendo ou fracassando no crescimento no ambiente existente". A esta noção deve-se acrescentar a necessidade deste ambiente comportar as perspectivas de tempo, espaço e comportamento que não obture o impulso espontâneo e o gesto criativo dos sujeitos dos quais se zela, de modo a não sacrificar-lhes a autonomia, a dignidade e, de modo mais abrangente, seu próprio *self*.

Contudo, essa complexidade relativa ao ambiente, ou seja, ao tipo de cuidado necessário, só pode ser desempenhada por outro ser humano, sendo necessário um relacionamento específico, nomeado como "amor que implica preocupação e um senso continuado de responsabilidade" (WINNICOTT, 1970/1997, 236). A alteridade implicada com a dependência do outro é o elemento indispensável para se viabilizar um cuidado de fato suficientemente bom, estando para além de qualquer procedimento técnico em que condições impecáveis e controladas por vezes são supervalorizadas em detrimento desta implicação primeira, indispensável.

Em "*A cura*", ao remontar as raízes etimológicas desta palavra, Winnicott (1970/1999) também fornece elucidações sobre a perspectiva do cuidado em sua teorização. A própria palavra em questão, demonstra o autor, significa cuidado, tendo passado por um processo de degeneração ao longo do tempo que lhe imputou o significado de tratamento médico, de desfecho bem sucedido da erradicação da doença e sua causa. Como implicação desta perda de seu significado inicial, vê-se a prática médica reduzida à cura no sentido técnico, em termos de diagnóstico e tratamento.

Winnicott (1970/1999) desenvolve uma perspectiva de tratamento das condições em que se verifica a dependência, tais como a imaturidade, a doença e a velhice, na qual é necessário haver confiabilidade de modo humano e não mecânico. Confiabilidade, aqui, acrescenta o autor, diz respeito à proteção contra imprevistos, os quais podem acarretar confusão mental, uma ansiedade impensável, em termos de funcionamento somático.

O autor presume como antecedentes básicos a capacidade de reconhecimento da dependência e adaptação às necessidades que a mesma apresenta e não ignora a falibilidade como um fato inerente à condição humana. Interessa mais a relação interpessoal indispensável à noção de cuidado deste autor, "em todos os seus ricos e complicados matizes humanos" (WINNICOTT, 1970/1999, p. 108). Não há lugar para a hierarquia no confronto clínico ou na situação de cuidado, de modo que assumir a posição de cuidador, como quem legitima a dependência do outro, beneficia o dependente de um modo específico e não comporta nenhum sentido de superioridade.

Winnicott (1970/1999) também especifica o cuidado enquanto extensão do conceito de *holding* e retoma a vinculação desta noção enquanto fornecimento de condições, físicas e emocionais, para incrementar e possibilitar o crescimento individual de modo pessoal.

O ato de cuidar, portanto, significa oferecer um *holding* satisfatório, ou seja, confiável, humano, não mecanizado, que reconhece a possibilidade da falibilidade, mas preocupa-se a ponto de empreender reparações. Nesse sentido, a capacidade de cuidar implica em capacidade de reconhecer a dependência, sem atribuir a isso um sentido de superioridade, além disso, implica se adaptar sensível e progressivamente às necessidades decorrentes da limitação do outro, seja esta decorrente de doença, velhice ou da imaturidade.

Tendo em vista o observado na teoria winnicottiana, destaca-se à noção de cuidado que da posição conveniente de quem cuida presume-se a existência de autonomia e de maturidade. Este indivíduo, portanto, o cuidador, se responsabiliza por suas ações e pelos efeitos delas decorrentes, pois pôde, em sua trajetória pessoal de amadurecimento e desenvolvimento, internalizar um ambiente suficientemente bom, ou seja, os cuidados mesmos que recebeu nas fases iniciais de sua vida. Assim, ao ser maduro, que cuida de modo saudável, é esperada a capacidade de se identificar a essa tarefa – e a outras que o localize na sociedade – de modo que signifique uma identificação com a sociedade sem a aniquilação de sua espontaneidade e de seu próprio *self*.

A teoria winnicottiana proporciona, ainda, elementos para o cuidador situar-se ante as reações daquele que recebe os cuidados, pois, em certa medida, a própria capacidade de consentir em estar em uma posição de dependência requer saúde e maturidade de um indivíduo. Ao dizer isso, o que se pretende retomar é que as experiências iniciais, em períodos primitivos do amadurecimento emocional poderão facilitar ou dificultar uma vivência em que a dependência e a necessidade de cuidados de outrem reaparecem no momento atual de sua vida, uma vez que o indivíduo se identifica a algumas características das mesmas, de modo a tê-las como referência enquanto introjeção baseada na experiência de confiabilidade vivenciada.

Lins (2003) aponta algumas contribuições a esse respeito. A autora pontua questões pertinentes, mas, em virtude de terem relações com o período da dependência relativa do bebê, especificamente no estágio do *eu sou*, não serão apresentadas na sessão seguinte, que versa justamente sobre questões concernentes aos idosos.

Lins (2003) retoma o texto winnicottiano sobre o papel do espelho que a mãe e a família desempenham no desenvolvimento infantil. Nele, Winnicott (1967/1975), influenciado pelo texto *O estádio do espelho*, de Jacques Lacan, formula o uso do espelho no desenvolvimento de cada indivíduo em termos do rosto da mãe.

O psicanalista inglês discorre sobre os efeitos normais e psicopatológicos da experiência tida pelo bebê ao olhar o rosto da mãe. Nela, o bebê vê a si mesmo, ali refletido. "Em outros termos, a mãe está olhando para o bebê e aquilo com o que ela se parece se acha relacionado com o que ela vê ali" (WINNICOTT, 1967/1975, p. 154). A complexidade desta experiência decorre da possibilidade de o bebê não encontrar seu próprio reflexo no rosto da mãe, mas, ao contrário, ver ali refletido o humor e as próprias defesas maternas ou até mesmo um rosto que não reage à troca de olhares.

A partir dessas considerações, Lins (2003) pontua que:

> Os homens e as mulheres, na terceira idade, tiveram experiências singulares de serem vistos por suas mães e, mais tarde, pela família, pelos cônjuges, filhos, netos e amigos. Se suas primeiras experiências foram boas, eles têm maiores chances de se verem refletidos em *espelhos fiéis*, rejeitando as imagens refletidas por *espelhos deformadores*, que não refletem o que está lá para ser visto, mas sim o mundo interno de quem olha (...) (LINS, 2003, p. 462, grifo nosso).

O cuidado, nesse sentido, não deve comportar uma acepção moralista ou punitiva, e se algum matiz de crueldade aparece, por exemplo, em alguma tarefa de cuidado prestada ao outro, que seja fora da finalidade da crueldade em si mesma. Daquele que ocupa a posição de cuidado, espera-se uma capacidade de aceitar o amor e o ódio do ser em estado de dependência e de compreender que, por vezes, as reações negativas ao cuidado relacionam-se mais às experiências primitivas supracitadas do que à situação de cuidado atual em si mesma. Não devem constituir, portanto, em motivo para desestímulo ou frustração por parte daquele que se empenha em adaptar-se às necessidades do outro. Cabe, aqui, a nem sempre fácil tarefa de respeitar a independência e autonomia do outro, quando assim puder se apresentar, mesmo dentro das possibilidades impostas por limitações temporárias ou definitivas. Do mesmo modo, a aceitação da dependência total se faz necessária, levando-se em consideração que, por vezes, alguns indivíduos, ainda que não se encontrem completamente desvalidos de recursos funcionais e de autonomia, precisam transferir todo o controle para alguém que lhe presta assistência a fim de que uma tarefa ou uma vivência, por exemplo, seja atravessada, a exemplo do que indica Winnicott (1965/2012). "Quem não está saudável, a exemplo da mãe doente, precisa de amparo e encorajamento" (WINNICOTT, 1965/2012, p. 67).

CONTRIBUIÇÕES DA TEORIA WINICOTTIANA PARA O CUIDADO DO IDOSO FRÁGIL DEPENDENTE

Tal como apresentado no presente trabalho até o momento, as considerações sobre a teoria winnicottiana para o cuidado do idoso frágil dependente no contexto domiciliar serão feitas a partir de movimentos de aproximação entre a teoria winnicottiana sobre o cuidado da mãe com o bebê em estado inicial, nos períodos primitivos do amadurecimento emocional.

Este esforço interpretativo precisa reconhecer, de pronto, que a exposição de Winnicott se refere primariamente à infância e se detém sobre a importância das influências pessoais e ambientais no desenvolvimento de um indivíduo. A teoria winnicottiana não é, por excelência, uma teoria psicológica sobre o envelhecimento, embora o autor reconheça que alguns processos que se iniciam nos primeiros instantes do amadurecimento emocional tenham continuidade ao longo de toda a vida, incluindo a fase adulta e a velhice (WINNICOTT, 1963/1983).

A esta contextualização da teoria winnicottiana, faz-se necessário acrescentar que são consideradas neste estudo as diferenças existentes entre o período da primeira infância, em aspectos cognitivos e psicológicos, e os momentos relativos ao envelhecimento e às fases finais de vida. Em analogia a uma diferenciação entre a mãe e o bebê, feita por Winnicott (1968/2012), pode-se dizer que um idoso difere muito de um lactente. O idoso também já foi um bebê e esta vivência está localizada em alguma parte do seu ser, onde se encontra uma gama de experiências a partir das quais pôde ir da situação de completa dependência ao estabelecimento de sua autonomia. Este idoso, no curso de seu desenvolvimento emocional, provavelmente brincou de ser pai e mãe e observou seus pais cuidando de seus irmãos mais novos. Ele pode ter vivenciado situações outras, nas quais pôde cuidar de alguém – ainda que apenas de si mesmo e de modo precário – ou ter sido cuidado por outrem, podendo até mesmo ter regredido a um comportamento de bebê nas ocasiões em que ficou doente.

Este indivíduo, tendo alcançado a totalidade da integração pessoal pode, inclusive, ter consciência a respeito da morte. Caso seja capaz de aceitá-la, poderá desfrutar de certo alívio, como pontua Winnicott (1968/1999, p. 48), "alívio do medo das alternativas, tais como a desintegração ou os fantasmas – ou seja, a sobrevivência de fenômenos espíritas [ou espirituais], para depois da morte da metade somática da parceria psicossomática".

O bebê, contudo, nunca foi mãe, cuidador, idoso, tampouco, anteriormente, um bebê. A ele existe a possibilidade de sequer vir a ser uma pessoa, tendo em vista a perspectiva winnicottiana da integração do *self*. "Para ele, tudo é uma *primeira experiência*, inexistindo qualquer medida para julgamento ou comparação" (WINNICOTT, 1968/2012, p. 84). A despeito dessa enorme diferença entre um e outro, a importância de condições ambientais suficientemente boas ao longo do ciclo de vida, bem como da figura da alteridade, ou seja, da presença de outro ser humano ao longo do processo de amadurecimento emocional como um todo continua. Este fato embasa o pressuposto, neste estudo, de que, em uma condição de vulnerabilidade, o idoso, tanto quanto a criança, precisa de um ambiente de suporte.

Se o que a mãe faz é facilitar os processos de desenvolvimentos do bebê, viabilizando a realização de seu potencial hereditário, no âmbito da família que cuida de um idoso em estado de dependência e fragilidade, deve ser ofertado um tipo de cuidado que possibilite a continuidade deste desenvolvimento. Dias (2003) e Genaro Junior (2014) consideram que envelhecer e morrer, são, no sentido da continuidade do desenvolvimento, as tarefas constitutivas finais de um indivíduo. Dias (2003, p. 296) acrescenta que, nesse sentido, o processo de integração nunca é alcançado por completo, pois "o que falta, sempre, ao homem, é o seu próprio fim".

Entretanto, do envelhecimento à morte, é preciso considerar a heterogeneidade na velhice. Esta diversidade refere-se tanto em termos de singularidade e de subjetividade de cada idoso, quanto ao próprio processo de envelhecimento pelo qual cada indivíduo passa. O envelhecimento saudável difere do processo nomeado como senilidade, o qual tem como principais critérios para sua caracterização a perda da funcionalidade e da autonomia, caracterizada, no campo da geriatria, por alterações cognitivas do idoso que pode culminar em incapacidade cognitiva. Estas considerações indicam que os cuidados a um idoso devem ser prestados de modo pessoal, para cada indivíduo, tal qual o cuidado aos bebês é formulado em termos winnicottianos, considerando-se sua estrutura psíquica e o processo de senilidade ao qual o sujeito está submetido.

Genaro Junior (2014) apresenta questões concernentes à velhice, enquanto fenômeno natural decorrente do processo de envelhecimento, em termos de desconstrução do self. O aspecto da desconstrução é apresentado em termos de perdas diversas que um indivíduo vivencia neste momento, tais como as relativas ao campo profissional, à alteração do arranjo familiar, quer seja em virtude de perda do cônjuge e/ou em razão de filhos que se mudam da casa dos genitores. Orientado pelas considerações teórico-clínicas formuladas por Gilberto Safra (SAFRA apud GENARO JUNIOR, 2014), o autor acrescenta ainda que esta desconstrução se dá em termos de vivência do próprio corpo: a vida sexual também se recoloca para cada indivíduo, à sua maneira, e a porção somática da parceria psicossomática já não possui algumas funções otimizadas como antes.

Na perspectiva da desconstrução do *self*, a vivência do adoecimento com implicações temporárias ou definitivas na funcionalidade, assim como a percepção do envelhecimento normal do corpo humano, certamente não passam despercebidas pelo sujeito. A parceria psicossomática é um aspecto importante na saúde do indivíduo. A limitação dos corpos, em virtude do adoecimento ou do processo de envelhecimento, traz implicações para o sujeito. Embora não seja, em termos winnicottianos, um critério decisivo para se falar em um indivíduo adoecido é importante relembrar a consideração de Winnicott (1967/1999, p. 12), na qual diz que "o uso do corpo e de suas funções é uma das coisas mais prazerosas da vida".

Ao idoso que necessita de cuidados em decorrência de perda de funcionalidade, tendo ainda a cognição preservada, é pertinente retomar alguns elementos presentes na teoria winnicottiana, abordados anteriormente. Em especial, a tarefa de respeitar a independência e autonomia deste idoso, dentro dos limites que lhe são possíveis. A dependência, decorrente da perda de sua funcionalidade e também a que for decorrente de um processo regressivo em face do adoecimento, devem ser suportadas para que esta experiência possa ser atravessada. Faz-se necessário um cuidado que não obture o impulso espontâneo e o gesto criativo deste idoso, de modo que ele possa se sujeitar sem perder a dignidade.

Argumenta-se no presente trabalho que aos idosos com prejuízo ou incapacidade cognitiva, o mesmo também é pertinente. As funções exercidas pela mãe para que ocorra o processo de integração psíquica do bebê são passíveis de serem transpostas ao contexto aqui discutido a fim de que este processo de desintegração seja suportado. Contudo, ressalta-se que esta relação proposta não coincide com uma sugestão para que o idoso seja infantilizado no suporte a ele prestado. Nesse sentido, é de extrema valia um ambiente que inclua noções claras de tempo e espaço e um cuidado atento ao resgate da dimensão corporal e da parceria psicossomática. Também é importante o estímulo da relação criativa com a realidade externa que facilite ao idoso, dentro de suas possibilidades, (re)criar e (re)descobrir, quantas vezes forem necessárias, a realidade ao seu redor.

Para melhor compreensão, alguns exemplos de como tais apontamentos teóricos podem ser verificados na prática se fazem pertinentes. O estímulo ao autocuidado, por exemplo, no que se refere ao manejo (*handling*), é uma via facilitadora para que o idoso com demência entre em contato com uma noção de esquema corporal possível. Além disso, a apresentação sensível de objetos, sobretudo aqueles vinculados à história afetiva de vida do sujeito, é outra possibilidade de transposição da noção winnicottiana para a prática. A terapia musical com enfermos acometidos com demência (OLMEDO, 2014), nesse sentido, também pode ser tomada como uma exemplificação. Visto pela perspectiva winnicottiana, trata-se de uma apresentação sensível e adaptada de objetos, que potencializa o impulso criativo do idoso, sendo possível que ele recrie e descubra a si mesmo, suas memórias e o mundo ao seu redor.

O suporte a esses pacientes pode também ser pensado em termos correlativos à função de apoio do eu oferecido pela mãe. Este apoio tem a função de proteção contra o surgimento das ansiedades inimagináveis. Aqui, diferentemente de advir de um processo em que a diferenciação do bebê aumenta progressivamente, caso haja proteção ambiental suficientemente boa, estas ansiedades primitivas podem decorrer enquanto defesa contra processo degenerativo cerebral que desorganiza as funções organizadas enquanto eu. O elemento da confiabilidade do cuidado aqui se faz indispensável. Deve compreender também a oferta de um ambiente no entorno do idoso que o protege contra imprevistos, os quais podem acarretar estados de confusão mental, uma ansiedade inimaginável em termos somáticos.

Aos idosos em estado de dependência, com perda de autonomia, os elementos que caracterizam o conceito de mãe suficientemente boa também são importantes para se pensar o cuidado a eles prestado. A quem assume a tarefa de oferecer esse suporte, faz-se necessária a capacidade de se identificar ao idoso, percebendo sua dependência e a ela se adaptando de modo sensível, consistente e confiável.

Deve-se ressaltar que estas considerações não consistem em uma idealização do cuidado prestado, pois a falibilidade é uma condição inerente aos seres humanos. Isto não exclui a importância de que não faltar diante do idoso, havendo esforço para que reparações sejam feitas a tempo, é trazer à cena o fato de que alguém se preocupa com ele. Humaniza-se, assim, o suporte ao processo de adoecimento e final de vida, de tal modo que as tarefas últimas estejam mais em conformidade com o que é natural e esperado do desenvolvimento emocional de um ser humano. Desse modo, evita-se que estas tenham um aspecto mais próximo a uma agonia ou a uma ansiedade inimaginável.

Winnicott diz que a vida, em si mesma, não é fácil. Morrer, perder o estatuto unitário, retornar à solidão essencial – que também estava presente no início da vida do bebê – também comporta certas dificuldades, que terão relação com o colorido que cada indivíduo dá à ideia de morrer, ao longo de sua vida. Winnicott (1988/1990), ao questionar qual o estado fundamental do qual o indivíduo emerge e ao qual teria que retornar caso desejasse começar tudo novamente, formula que esta condição envolve um paradoxo. Trata-se da solidão essencial, a qual só existe em condições de dependência máxima. O autor acrescenta que, embora não vá haver uma reprodução exata desta solidão fundamental e inerente experimentada pelo bebê, pela vida afora prossegue a existência deste estado juntamente com uma inconsciência do indivíduo sobre as condições indispensáveis a este estado.

Winnicott (1988/1990) recupera este estado já vivenciado para explicar a morte. A esse respeito desenvolve que o estado anterior ao da solidão é o de *não-estar-vivo*. A experiência do primeiro despertar, ou seja, da qual o ser emerge do interior do não ser, dá ao indivíduo uma ideia do estado de *não-estar-vivo*, cheio de paz. Winnicott (1988/1990) completa que as concepções relativas ao que é a morte dizem respeito a este estado anterior, no qual estar sozinho é um fato e a dependência ainda não foi descoberta. "A vida de uma pessoa consiste num intervalo entre dois estados de *não-estar-vivo*. O primeiro dos dois, a partir do qual emerge o estar-vivo, dá colorido às ideias que as pessoas costumam ter sobre o segundo" (WINNICOTT, 1988/1990, p. 154).

Assim, evidencia-se a clareza das proposições do autor a respeito da solidão essencial e o modo como ele a aproxima da temática da morte. Contudo, com o intuito de relembrar a importância da alteridade ao longo da vida, cita-se neste estudo o poema Canção em Campo Vasto, de Lya Luft. Nele a autora lembra, de maneira pertinente, que a solidão é um campo muito vasto que não se deve atravessar a sós. As fases finais da vida também recolocam, portanto, a importância da alteridade para que esse processo se dê de modo saudável.

O espaço familiar, no qual há proximidade e relações afetivas entre seus membros, representa um lugar privilegiado para a prestação de um cuidado, em termos sensíveis e humanizados, para além do que prescreve o saber médico-científico. Loureiro e outros (2014, p. 1138) pontuam que no cuidado, quando realizado por um familiar, "pode haver tendência de que esta atividade seja mais bem administrada, pois a ligação preexistente de carinho, amor e atenção permite que o cuidado ocorra sem ser permeado por sentimentos negativos". Contudo, na realidade, o que se verifica é a existência de sentimentos ambivalentes em relação ao indivíduo dependente de cuidado.

Dias (2003), pautada pelas considerações de Donald Winnicott, acrescenta que a mãe saudável muitas vezes odiará o seu bebê, estando entre as razões para este sentimento a interferência em sua vida privada, em virtude da dedicação a ele. Ao encontro dessa observação, está a constatação de Loureiro e outros (2014). Em uma pesquisa de natureza epidemiológica, descritiva e transversal, com objetivo de estimar a prevalência de sobrecarga entre os cuidadores familiares de idosos dependentes, residentes no município de João Pessoa e identificar possíveis associações entre a sobrecarga e as características sociodemográficas dos idosos e seus respectivos cuidadores verificou-se que: cuidadores que responderam ao item "sempre se sentir sobrecarregado", na escala *Burden Interview*, indicativo de potencial mais alto para sobrecarga física e emocional, consideravam que o idoso tinha alta dependência deles para a realização de muitas atividades básicas. Este grau elevado de dependência do idoso para a realização de tarefas diversas do cotidiano exige uma adaptação cada vez maior às suas necessidades.

Assim, faz-se necessário ressaltar que, diferentemente da mãe, que poderá aos poucos contar com o amadurecimento emocional e com o desenvolvimento intelectual do bebê para se desadaptar progressivamente às necessidades do mesmo, o cuidador familiar do idoso vivencia o oposto. A necessidade de se adaptar cada vez mais às necessidades, por vezes, traz como consequência para o cuidador um sentimento de aprisionamento e até mesmo de aniquilação de suas vidas, do mesmo modo que experimentam algumas mães (SERRALHA, 2011).

A temática da vulnerabilidade do cuidador precisa ser vista para além da conjuntura econômica e social desfavorável, principalmente em países em desenvolvimento, como o Brasil, que condiciona o montante de recursos da família para suprir as necessidades de cuidado a um ente em estado de dependência. Nesse contexto, muitas vezes as oportunidades de mercado e o momento do ciclo familiar constituem fatores de vulnerabilidade. A exemplo da mãe, nos casos em que também se encontra vulnerável, faz-se necessário um suporte ao cuidado, uma proteção estendida ao seu entorno que possibilite a dedicação necessária às ações de cuidado sem que seja forçoso um sacrifício de seu próprio *self* na dedicação a esta tarefa.

Serralha (2011) pontua que este ambiente sobre o qual Winnicott fala deve ser considerado também como uma junção de vários outros ambientes específicos, os quais se abrem e gradualmente se inter-relacionam para fornecer ao indivíduo condições de ser. A autora acrescenta que este ambiente também merece cuidados, ele próprio, enquanto uma grande rede. Em algumas situações esta rede tão necessária – cuja primeira unidade é a família e se estende ao plano cultural e à participação do Estado, enquanto provedor de cuidados para a coletividade – pode se tornar aprisionadora, imobilizadora e sufocante, ou seja, precária em sua tarefa de levar em conta as necessidades dos envolvidos.

A autora acrescenta que no campo da saúde e da educação, tem-se verificado uma ênfase em ações e instruções técnicas voltadas à temática do cuidado. Por vezes, os conhecimentos, ancorados em discursos que naturalizam as necessidades humanas e propõem cuidados de modo universalizado, padronizado e utópico, sobrepõem-se a questões éticas básicas concernentes ao cuidado, tais como a sensibilidade e a disponibilidade do cuidador para a satisfação das necessidades daquele que é cuidado (SERRALHA, 2011).

Esse movimento também é reproduzido nas políticas públicas, implantadas de modo generalista, sem consideração pela história emocional dos indivíduos envolvidos, em diferentes locais e culturas. A autora acrescenta, ainda, que tanto no Ministério da Educação quanto no da Saúde, os decretos e regulamentações são executados com dificuldades, principalmente no que se refere à qualidade e regularidade das ações. No tocante à relação do indivíduo e da coletividade com o poder público, também se fazem necessárias ações contínuas e regulares para que haja confiabilidade nos mesmos (SERRALHA, 2011).

Estas considerações estão em conformidade com o cenário atual, no que diz respeito à participação do Estado na proteção da saúde do idoso e de seus cuidadores, a qual é apenas pontual e com reduzidas responsabilidades, se comparadas às responsabilidades da família (KÜCHEMANN, 2012). Esta autora acrescenta que estudos feitos na área da saúde, tal como o realizado por Karsch citado por Küchemann (2012), demonstram que 67,9% das cuidadoras prestavam cuidados sem nenhum tipo de apoio. Dados como estes refletem uma imaturidade da democracia brasileira.

Para Winnicott (1950/2011), a teoria emocional do amadurecimento e uma concepção de democracia se justapõem. O autor empreende um estudo psicológico do termo "democracia". A esse respeito diz que "a sociedade democrática é uma sociedade 'madura', isto é, possui uma qualidade que vem de par com a qualidade de maturidade individual que caracteriza seus membros sadios" (WINNICOTT, 1950/2011, p. 228), de modo que o desenvolvimento emocional da sociedade e o dos indivíduos se desenrola simultaneamente.

Nesse sentido, também são pertinentes algumas considerações de Serralha (2011, p. 335):

> O difícil é implementar suas ações *[das políticas públicas]*, uma vez que isso depende de indivíduos conscientes da importância dessas ações para a coletividade, para realizá-las, mantê-las e geri-las. Sendo assim, para que tenhamos uma sociedade democrática e solidária, precisamos que esses indivíduos tenham tido a possibilidade de se constituírem em pessoas responsáveis, amadurecidas, capazes de, em todos os setores de atuação, integrar esses elementos citados, capazes de administrar seus próprios impulsos, renunciando a ganhos e prazeres individuais, capazes de, segundo Winnicott (apud Serralha, 2011, p. 335), 'carregar as personalidades não-integradas, que não podem contribuir', para que a sociedade não se degenere em sua democracia, naquilo que o uso do termo democracia tem relação com a maturidade (SERRALHA, 2011, p. 335).

O desafio, portanto, é complexo. O cuidado, na origem do desenvolvimento humano, relaciona-se ao sentimento ético do indivíduo humano, de modo que considerar o amadurecimento emocional também diz respeito a uma teoria do amadurecimento social. Sem estas considerações, a sociedade continuará sem orientação de um sentido ético nas ações individuais e nas proposições para a coletividade. Longe de propor soluções, pois isto também soaria generalista, o intuito deste estudo é trazer à temática e a complexidade concernente a ela. A psicanálise, nesse sentido, pode oferece contribuições que promovem um aumento do respeito que os indivíduos sentem uns pelos outros, bem como pelos direitos individuais e coletivos.

CONSIDERAÇÕES FINAIS

Os resultados deste estudo evidenciam a utilidade da teoria winnicottiana, a qual enriquece os diálogos com o campo da saúde em virtude de uma noção de cuidado que considera a dimensão emocional e pessoal em suas concepções. Através da teoria do amadurecimento emocional de Donald Winnicott, pôde se estabelecer também algumas relações iniciais para potencializar e humanizar o cuidado do idoso frágil e dependente no contexto familiar, sobretudo por recolocar a importância das relações intersubjetivas e do papel do outro na prática do cuidado, para além do discurso biomédico-científico.

A partir destas considerações, o lugar da família enquanto instância cuidadora pode ser repensado e melhor valorizado. Ações e práticas na área da saúde podem estar mais sensibilizadas à necessidade de se considerar os aspectos inconscientes envolvidos nas relações interpessoais, bem como a história pessoal e emocional dos usuários do sistema de saúde. As instâncias cuidadoras, particularmente, podem usufruir enormemente das contribuições deste autor, caso tenham dentre seus princípios a ética do cuidado, enquanto um resgate da condição humana na prática do cuidado. Isso não implica em excluir a importância de protocolos ou das práticas baseadas em evidência, por exemplo, mas em relembrar que estes instrumentos e modos de exercer uma prática não substituem ou simplificam a complexidade inerente ao contato com um ser humano.

Como todo estudo, este também possui limitações. Dentre elas, a exploração de um período específico do desenvolvimento emocional e pessoal, o da dependência absoluta, favorece contribuições limitadas à temática do cuidado ao idoso frágil. Conceitos e noções como a de transicionalidade, de espaço potencial e, em especial, a de criatividade desse autor, certamente enriqueceriam a temática.

A psicanálise, em sua totalidade, também possui diversas vias teóricas através das quais outras contribuições podem ser dadas. A noção de identificação, por exemplo, não somente na perspectiva winnicottiana, pode ser melhor investigada a fim de que uma clínica psicanalítica com os cuidadores encontre suporte teórico para a compreensão dos fenômenos patológicos e adoecedores decorrente das práticas do cuidado ao outro. Enfim, tendo em vista o esforço de aproximação entre a teoria winnicottiana do amadurecimento humano e o campo da geriatria, que envolve as práticas de cuidado ao idoso frágil dependente, em suma, ressalta-se por meio deste trabalho monográfico que a relevância do cuidado nos momentos iniciais da vida, que permitem que um bebê adquira a possibilidade de ser, não perde sua centralidade ao longo de toda a vida de um indivíduo.

REFERÊNCIAS

BRASIL. Ministério da Saúde. Portaria GM nº 2.528, de 19 de outubro de 2006. Aprova a *Política Nacional de Saúde da Pessoa Idosa* – PNSI. Diário Oficial da União, Poder Executivo, Brasília, DF, 20 out. 2006.

CALDAS, Célia Pereira. Envelhecimento com dependência: responsabilidades e demandas da família. *Cad. Saúde Pública*, Rio de Janeiro, v. 19, n. 3, p. 733-781, maio 2003. Disponível em: http://www.scielo.br/pdf/csp/v19n3/15880.pdf. Acesso em: nov 2015

CAMARANO, Ana Amélia. et al. Famílias: espaço de compartilhamento de recursos e vulnerabilidades. In: *Os novos idosos brasileiros: muito além dos 60?*. Rio de Janeiro: IPEA, 2004. Cap. 5, p. 137-168.

CAMARANO, Ana Amélia; KANSO, Solange. Envelhecimento da população brasileira: uma contribuição demográfica. In: FREITAS, Elizabete Viana de. et al. *Tratado de geriatria e gerontologia*. 3 ed. Rio de Janeiro: Guanabara Koogan, 2013. Cap. 5, p. 58-73.

DIAS, Elas Oliveira. *A teoria do amadurecimento de D. W. Winnicott*. Rio de Janeiro: Imago, 2003.

Dias, Elsa Oliveira. O cuidado como cura e como ética. *Winnicott e-prints*, v. 5, n. 2, p. 21-39, 2010. Disponível em: http://pepsic.bvsalud.org/scielo.php?script=sci_arttext&pid=S1679-432X2010000200002&lng=pt&tlng=pt. Acesso em: agosto 2015.

DIAS, Elsa Oliveira. A trajetória intelectual de Winnicott. *Natureza humana*, São Paulo, v. 4, n. 1, p. 111-156, 2002. Disponível em http://pepsic.bvsalud.org/scielo.php?script=sci_arttext&pid=S1517-24302002000100004&lng=pt&nrm=iso. Acesso em: nov 2015.

DUARTE, Yeda Aparecida de Oliveira; LEBRÃO, Maria Lúcia. Fragilidade e envelhecimento. In: FREITAS, Elizabete Viana de. et al. *Tratado de geriatria e gerontologia*. 3 ed. Rio de Janeiro: Guanabara Koogan, 2013. Cap. 116, p. 1285-1298.

FERRIOLLI, Eduardo; MORIGUTI, Júlio César; FORMIGHIERI, Paulo F. O idoso frágil. In: FREITAS, Elizabete Viana de. et al. *Tratado de geriatria e gerontologia*. 3 ed. Rio de Janeiro: Guanabara Koogan, 2013. Cap. 89, p. 1014-1019.

GENARO JUNIOR, Fernando. Aspectos fundantes na clínica do envelhecimento: o ambiente, o cuidado e o telos. *Psicologia Revista*, São Paulo, v. 23, n. 1, p. 51-74, 2014.

GIL, Claudia Aranha. *Recordação e transicionalidade: a oficina de cartas, fotografia e lembranças como intervenção psicoterapêutica grupal com idosos*. 2010.174 f. Tese (Doutorado) – Universidade de São Paulo, Programa de Pós-Graduação em Psicologia, São Paulo, 2010.

GUTIERREZ, Denise Machado Duran; MINAYO, Maria Cecília de Souza. Produção de conhecimento sobre cuidados da saúde no âmbito da família. *Ciênc. saúde coletiva*, Rio de Janeiro, v. 15, supl. 1, p. 1497-1508, junho 2010. Disponível em: http://www.scielo.br/scielo.php?script=sci_arttext&pid=S1413-81232010000700062&lng=en&nrm=iso. Acesso em: agosto 2015.

KÜCHEMANN, Berlindes Astrid. Envelhecimento populacional, cuidado e cidadania: velhos dilemas e novos desafios. *Revista Sociedade e Estado*, Brasília, v. 27, n. 1, p. 165-180, abr. 2012. Disponível em: http://www.scielo.br/scielo.php?pid=S0102-69922012000100010&script=sci_arttext. Acesso em: nov 2015.

Lima, Telma Cristiane Sasso de, & Mioto, Regina Célia Tamaso. Procedimentos metodológicos na construção do conhecimento científico: a pesquisa bibliográfica. *Revista Katálysis*, Florianópolis, v. 10, n. spe, p. 37-45, 2007. Disponível em: http://www.scielo.br/scielo.php?script=sci_arttext&pid=S1414-49802007000300004&lng=en&tlng=pt.10.1590/S1414-49802007000300004. Acesso em: agosto 2015.

LINS, Maria Ivone Accioly. Ver-se e ser visto na terceira idade. *Natureza humana*, São Paulo, v. 5, n. 2, p. 459-468, dez. 2003. Disponível em: http://pepsic.bvsalud.org/scielo.php?script=sci_arttext&pid=S1517-24302003000200007&lng=pt&nrm=iso. Acesso em: nov 2015.

LOUREIRO, Lara de Sa Neves et al. Sobrecarga de cuidadores familiares de idosos: prevalência e associação com características do idoso e do cuidador. *Rev. esc. enferm. USP*, São Paulo, v. 47, n. 5, p. 1129-1136, out. 2013. Disponível em http://www.scielo.br/scielo.php?script=sci_arttext&pid=S0080-62342013000501129&lng=en&nrm=iso. Acesso em: Nov. 2015.

LUFT, Lya. *Secreta mirada*. São Paulo: Mandarim, 1997.

OLMEDO, Pepe. *Música para "despertar" del Alzheimer y otras demências*. YouYube, 11 de dezembro de 2014. Disponível em https://www.youtube.com/watch?v=IdAK2NoPwHU. Acesso em: nov. 2015.

SERRALHA, Conceição Aparecida. A ética do cuidado e as ações em saúde e educação. In: LOPARIC, Zelijko (Org.). *Winnicott e a ética do cuidado*. São Paulo: DWW Editorial, 2013. Cap. 14, p. 319-338.

WINNICOTT, Donald W. A comunicação entre o bebê e a mãe e entre a mãe e o bebê: convergências e divergências (1968). In: WINNICOTT, Donald W. *Os bebês e suas mães*. 4. ed. São Paulo: Editora WMF Martins Fontes, 2012. Cap. 2, p. 79-96.

WINNICOTT, Donald W. A contribuição da psicanálise à obstetrícia (1965). In: WINNICOTT, Donald W. *Os bebês e suas mães*. 4. ed. São Paulo: Editora WMF Martins Fontes, 2012. Cap. 7, p. 61-72.

WINNICOTT, Donald W. A cura (1970). In: WINNICOTT, Donald W. *Tudo começa em casa*. 3ª ed. São Paulo: Martins Fontes, 1999. Cap. 9, p. 105-114.

WINNICOTT, Donald W. A integração do ego no desenvolvimento da criança (1962). In: WINNICOTT, Donald W. *O ambiente e os processos de maturação:* estudos sobre a teoria do desenvolvimento emocional. Porto Alegre: Artmed, 1983. Cap. 4, p. 55-61.

WINNICOTT, Donald W. A preocupação materna primária (1956). In: WINNICOTT, Donald W. *Da pediatria à psicanálise*: obras escolhidas. Rio de Janeiro: Imago Editora, 2000. Cap. XXIV, p. 399-405.

WINNICOTT, Donald W. Algumas considerações sobre o significado da palavra democracia (1950). In: WINNICOTT, Donald W. *A família e o desenvolvimento individual*. 4. ed. São Paulo: Martins Fontes, 2011. Cap. 18, p. 227-247.

WINNICOTT, Donald W. As origens do indivíduo (1966). In: WINNICOTT, Donald W. *Os bebês e suas mães*. 4. ed. São Paulo: Editora WMF Martins Fontes, 2012. Cap. 5, p. 43-50.

WINNICOTT, Donald W. O conceito de indivíduo saudável (1967). In: WINNICOTT, Donald W. *Tudo começa em casa*. 3ª ed. São Paulo: Martins Fontes, 1999. Cap. 1, p. 3-23.

WINNICOTT, Donald W. O desenvolvimento da capacidade de se preocupar (1963). In: WINNICOTT, Donald W. *O ambiente e os processos de maturação:* estudos sobre a teoria do desenvolvimento emocional. Porto Alegre: Artmed, 1983. Cap. 6, p. 70-78.

WINNICOTT, Donald W. O papel de espelho da mãe e da família no desenvolvimento infantil (1967). In: WINNICOTT, Donald W. *O brincar e a realidade*. Rio de Janeiro: Imago Editora LTDA, 1975. Cap. IX, p. 153-162.

WINNICOTT, Donald W. O primeiro ano de vida: concepções modernas do desenvolvimento emocional (1958). In: WINNICOTT, Donald W. *A família e o desenvolvimento individual*. 4ª ed. São Paulo: Martins Fontes, 2011. Cap. 1, p. 3-20.

WINNICOTT, Donald W. O relacionamento inicial entre uma mãe e seu bebê (1960). In: WINNICOTT, Donald W. *A família e o desenvolvimento individual*. 4. ed. São Paulo: Martins Fontes, 2011. Cap. 2, p. 21-28.

WINNICOTT, Donald W. Psiquiatria infantil, serviço social e atendimento alternativo (1970). In: WINNICOTT, Donald W. *Pensando sobre crianças*. Porto Alegre: Artes Médicas, 1997. Cap. 31, p. 235-238.

WINNICOTT, Donald W. Saber e aprender (1957). In: WINNICOTT, Donald W. *Os bebês e suas mães*. 4. ed. São Paulo: Editora WMF Martins Fontes, 2012. Cap. 2, p. 13-18.

WINNICOTT, Donald W. Sum: eu sou (1968). In: WINNICOTT, Donald W. *Tudo começa em casa*. 3ª ed. São Paulo: Martins Fontes, 1999. Cap. 3, p. 41-52.

WINNICOTT, Donald W. Teoria do relacionamento paterno-infantil. (1960). In: WINNICOTT, Donald W. *O ambiente e os processos de maturação:* estudos sobre a teoria do desenvolvimento emocional. Porto Alegre: Artmed, 1983. Cap. 3, p. 38-54.

WINNICOTT, Donald Woods. *Natureza Humana*. Rio de Janeiro: Imago Editora, 1990.

UM LUGAR DE FALA PARA O SUJEITO COM DEMÊNCIA: VIVÊNCIAS NO HOSPITAL GERAL

Sylvana Cardoso

INTRODUÇÃO

A inserção no Programa de Residência Integrada Multiprofissional do Hospital das Clínicas da UFMG (HC-UFMG), área de concentração Saúde do Idoso, permitiu-me o contato com pacientes portadores de demência em diferentes estágios do processo neurodegenerativo, incluindo desde idosos ainda em fase diagnóstica até aqueles com quadro demencial avançado.

O cenário vivenciado durante a residência reflete o contexto demográfico brasileiro, com o aumento vertiginoso da população idosa e, dentre ela, o crescente número de casos de demências. Segundo dados da última "Síntese de indicadores sociais: uma análise das condições de vida da população brasileira", feita pelo Instituto Brasileiro de Geografia e Estatística (IBGE) e publicada em 2015, os idosos com idade superior a 60 anos correspondem a 13,7% de toda a população do Brasil. E as estimativas mostram a forte tendência de aumento da proporção de idosos na população: em 2030, 18,6%, e, em 2060, 33,7%. Em consulta ao *World Alzheimer Report* (2015), estima-se que 46,8 milhões de pessoas estejam acometidas por alguma demência, prevendo-se que esse número duplique a cada 20 anos, com expectativa de atingir 74,7 milhões em 2030 e 131,5 milhões em 2050.

De acordo com os manuais internacionais de classificação de doenças, as demências são caracterizadas pela presença de múltiplos déficits cognitivos, incluindo, para além do comprometimento da memória, ao menos uma das seguintes perturbações cognitivas: afasia, apraxia, agnosia ou uma perturbação das funções executivas.

Para o diagnóstico diferencial da demência, existem instrumentos de avaliação neurocognitiva, além das técnicas de neuroimagem, que favorecem a visualização das áreas cerebrais acometidas. No entanto, segundo nos sinaliza Goldfarb:

> "Os melhores métodos diagnósticos não dão conta do pensamento, dos afetos, das emoções, dos conteúdos das lembranças, do luto impossível e, fundamentalmente, da especial significação dos esquecimentos. Só podem detectar perturbações morfológicas e funcionais no subtrato material destas funções psíquicas tão imateriais". (Goldfarb, 2004, pp. 59-60).

As transformações ocorridas com o envelhecimento, ainda as patológicas, como as demências, centrais neste capítulo, não impedem que o paciente seja visto enquanto um sujeito, inscrito em um funcionamento psíquico que lhe é próprio. Idosos acometidos pelo processo neurodegenerativo encontram-se imersos em uma nova realidade que os compele a ocupar novos papeis na sociedade e na família e que, feito uma avalanche, os tenciona a uma redefinição de sua identidade subjetiva.

Enquanto residente de Psicologia, na medida em que eu acolhia esses casos, seja por encaminhamento da equipe ou por busca ativa, algumas observações clínicas me suscitaram a reflexão e o desejo para a construção de uma escuta clínica ampliada e adaptada para o acolhimento dos idosos demenciados.

Ao dizer de uma escuta ampliada, considero dois aspectos. O primeiro deles, por ter observado o quanto a experiência singular dos idosos pode se perder em meio às rotinas e normas hospitalares, uma vez que é mais habitual que os encaminhamentos feitos à Psicologia pela equipe, na área da Geriatria, sejam direcionados mais para a escuta dos familiares e cuidadores e menos para a escuta dos idosos. E ampliada também no sentido de que o acolhimento do idoso pela Psicologia, incluindo-o na cena de atendimento, pode cumprir funções terapêuticas importantes para os pacientes e seus acompanhantes, seja mediando interações perdidas com o avançar da demência e o comprometimento da comunicação verbal, seja favorecendo meios alternativos de comunicação ou simplesmente sustentando o discurso envolto por elementos de confusão, buscando representações a partir da história do sujeito, narrada com o auxílio da família. Desse modo, é buscado o reencontro da díade "idoso e família", que reflete no melhor manejo das sobrecargas emocionais ligadas ao cuidado do idoso, promovendo experiências que possam ser valiosas até mesmo para o processo de aceitação da finitude.

Já uma escuta adaptada está ligada ao comprometimento cognitivo que necessita ser considerado pelo profissional sem, contudo, reduzir o paciente ao seu diagnóstico neurodegenerativo. E, a partir de uma escuta disponível, atenta e acolhedora, contemplar os aspectos subjetivos que possam emergir mesmo em meio ao estado confusional, de forma bruta, sem defesas, prontos para serem lapidados.

A inserção da Psicologia nas instituições de saúde nos exige um exercício constante de interlocução com outros saberes. No ambiente hospitalar, no qual ainda persiste a centralidade do saber médico e uma visão preponderantemente biológica dos fenômenos que acometem os pacientes, cabe a nós psicólogos apresentarmos aos demais membros da equipe as especificidades e riquezas do nosso trabalho. Nesse contexto, a abordagem clínica do paciente demenciado surgiu como um desafio pelos entraves e constantes questionamentos acerca da conveniência da aplicabilidade da escuta terapêutica ao paciente com dano cerebral irreversível e progressivo. A proposta de uma escuta terapêutica requer um esforço de interpretação para discursos fendidos, mas que possam guardar em si alguma estrutura de significação e de subjetivação. Um diagnóstico neurológico pode levar à dessubjetivação e à supervalorização cerebral, apontada por Ortega (2008) como a emergência dos ditos "sujeitos cerebrais", a redução da pessoa humana ao cérebro,

> "implicando visões reducionistas e empobrecidas da vida subjetiva e relacional, segundo as quais o cérebro responde por tudo o que outrora costumávamos atribuir ao indivíduo, ao ambiente e à sociedade, com consequências severas em diversas esferas socioculturais e clínicas." (Ortega, 2008, p. 498).

FRAGMENTOS CLÍNICOS

A seguir apresentarei três fragmentos de casos clínicos acompanhados em um hospital geral público de ensino. Procuro demonstrar a atuação da Psicologia frente aos casos de idosos com diferentes demências, incluindo o manejo com as famílias/ acompanhantes e com a equipe, considerando as singularidades de cada caso. Os nomes dos pacientes são fictícios, com o objetivo ético de preservar suas identidades.

CASO 1

Antônio, 63 anos, aposentado, internado há 15 dias com um quadro de trombose endovenosa profunda no membro inferior esquerdo. Demência vascular, com comprometimento cognitivo moderado há um ano. Sem acompanhante. A Psicologia chegou ao caso por busca ativa. Ao me aproximar do quarto, vi Antônio agitado, se debatendo no leito, já com contenção mecânica por ter arremessado objetos (os copos e talheres descartáveis e os seus poucos produtos de higiene pessoal, doados pelo hospital) contra a parede e por tentar descer da cama, sem condições para deambular sozinho. Mesmo contido, o olhar aflito continuava direcionada para a parede. Calmamente, sentei na poltrona ao seu lado, esforçando-me para ver aquela cena da forma a mais aproximada possível do ângulo do paciente. Pus-me a olhar a parede, como ele. Observei que no alto havia uma pequena rachadura e uma lasca na pintura. Era isso que capturava o olhar do Antônio, e deixei que capturasse também o meu. Com voz suave, comecei a descrever o que via, sinalizando para o paciente que eu me importava com o que o incomodava. Primeiros olhares escaparam da parede e se voltaram para o meu rosto. E eu olhei de volta para Antônio. Ainda confuso, mas esforçando-se para ser compreendido, Antônio dizia repetidamente: "Parede, reboco, eu posso". Segurei na sua mão contida e confirmei: "Sim, você pode. Mas primeiro tente se acalmar, para que eu te ajude a conseguir". Recebi de volta um sorriso. Em seguida ele aceitou tomar o banho e adormeceu. Retornei àquela Enfermaria no horário de visita na esperança de encontrar alguém. Veio um vizinho. Narrei para ela a cena do atendimento anterior, e o vizinho, também ex- companheiro de trabalho, contou-me, com os olhos marejados, do ofício do paciente como pedreiro, especializado em acabamentos e reconhecido pelo seu extremo perfeccionismo. Aquela parede, aquele reboco, representavam a identidade laboral de Antônio, vinda à tona na sua agitação psicomotora, e resgatada por meio da disponibilidade em traduzir os seus gestos. Discuti o caso com a equipe, insistindo na troca do paciente para a enfermaria à frente, com um leito masculino ainda vago e com a parede íntegra. Inicialmente recebi resistência com aquela sugestão algo absurda, segundo os dizeres da enfermeira. A troca foi feita, e a contenção não precisou acompanhar Antônio, que permaneceu tranquilo com a sua parede bem acabada.

CASO 2

Bernadete, 87 anos, aposentada, internada há cinco dias por mais uma pneumonia. Só naquele ano já era a terceira internação pelo mesmo motivo. Demência de Alzheimer avançada, há oito anos totalmente dependente. A Psicologia foi chamada pelo médico, pois a equipe entendia que o caso era grave, sendo necessário discutir com a família sobre o prognóstico reservado. Seria prudente submeter a paciente a uma intubação e levá-la ao CTI, onde o contato com a família seria restrito? Quando chego para acolher as duas filhas, também cuidadoras, a conversa já havia acontecido (desencontros infelizmente comuns na agitação de um hospital de urgência e emergência). Encontrei as duas filhas no corredor. Uma mais tranquila, tentando acalmar a irmã, em desassossego e intensa angústia. Ao me apresentar como psicóloga, a filha, a mais inquieta, logo começou a questionar sobre como realizar uma biópsia do cérebro da mãe e de cada membro da família, a fim de saber as reais chances de cada um deles desenvolver Alzheimer, na esperança de que um diagnóstico precoce os levaria à cura. Ali havia ficado claro que a notícia de terminalidade da mãe por questões clínicas havia sido internalizada como consequência exclusiva do Alzheimer, o grande vilão. E mais, sendo o Alzheimer a causa da iminência da morte da mãe, na representação construída pela filha, o que se colocava em xeque era a qualidade dos seus cuidados ofertados à mãe ao longo de quase uma década, deflagrando-se o seu sentimento de culpa. No manejo da filha, busquei amenizar seus afetos tão ambivalentes, e reconhecer o seu valor como filha, na dimensão do valor por ela atribuído à mãe. E por se tratar de uma mãe tão valorosa, propus entrar na Enfermaria, com as filhas, para que elas me apresentassem à senhora. Vale destacar que era uma manhã de inverno, e ali fazia muito frio, o que justificava o uso de muito agasalho. Ao me aproximar da paciente, por entre as grades do seu leito, o primeiro gesto de Bernadete foi o de agarrar sua mão frágil no meu punho, como que contando uma por uma as camadas das blusas que eu usava. Eram cinco camadas, contando com o jaleco e o avental de precaução de contato. E assim, repetidamente, ela contava e recontava as minhas camadas, descascando-as e reconstruindo-as. Chamei as filhas para perto, fazendo perguntas sobre a história de vida de Bernadete, tentando encontrar um sentido para aquele gesto. A dizerem do apreço da mãe pelo cultivo de cebolas, no extenso quintal de casa, tive uma pista para aqueles gestos da paciente, que continuavam no meu punho, separando cada camada de roupa, e depois juntando tudo de novo. Caprichosa, Bernadete já vendia as cebolas descascadas para facilitar para os fregueses. E ali, no hospital, ela podia reviver, simbolicamente, o seu ofício. Assim ficamos alguns minutos conversando descontraídas sobre as cebolas, e outras curiosidades, à beira de um leito que, por aqueles instantes, não era o de morte, mas de muita vida e história.

CASO 3

Maciel, 73 anos, torneiro mecânico aposentado, internado há 13 dias após rebaixamento do sensório no domicílio. Durante a internação, o geriatra vinha investigando a suspeita de Demência Fronto-Temporal, caracterizada pelo prejuízo das funções executivas, da crítica e do juízo de realidade, sem grandes repercussões da memória. A Psicologia foi chamada devido ao quadro de agressividade e agitação do paciente. Ao conhecer Maciel e lhe estender a mão, não tive como escapar de um leve arranhão. O filho, ao lado, demonstrava seu constrangimento e impotência diante da situação. O pai, nervoso, esbravejava querendo ir embora para casa. Tenso, ele argumentava com o filho que não seria possível continuar ali, por não ter dinheiro para pagar as diárias. Juntos, o filho e eu explicamos para o paciente que a conta já estava paga, pelo dinheiro arrecadado com os impostos de uma vida inteira: o hospital era público. Mas os nossos argumentos não faziam sentido para Maciel. O filho me explicou que o pai sempre foi o provedor da casa, e que complementava a renda da aposentadoria com agiotagem. Acostumado a ameaçar os maus pagadores, talvez Maciel estivesse se sentindo ameaçado por dever ao hospital. Após discussão do caso em equipe, o geriatra lançou mão de uma atitude irreverente e criativa. Antes de cada atendimento, separava uma nota de dinheiro na carteira para mostrar ao paciente como uma forma de pagamento recebido. Dali em diante Maciel achou "justa" a troca, até a sua alta.

DISCUSSÃO E CONSIDERAÇÕES FINAIS

Observa-se, a partir das vinhetas apresentadas, que o trabalho aparece como um pilar de sustentação e permanência da identidade dos sujeitos, emergindo com potência mesmo em meio aos processos confusionais, nas demências. Em "O mal estar na ccultura", Freud destacou o trabalho nas funções de satisfação e de vinculação dos homens à realidade e à vida em sociedade:

"Nenhuma outra técnica de condução da vida ata o indivíduo tão firmemente à realidade quanto a insistência do trabalho, que ao menos o inclui com segurança numa parte da realidade, na comunidade humana. A possibilidade de deslocar uma quantidade considerável de componentes libidinais, sejam eles narcísicos, agressivos e mesmo eróticos para o trabalho profissional e para as relações humanas ligadas a ele, confere-lhe um valor que não fica atrás de sua indispensabilidade para sustentar e justificar a existência da sociedade". (Freud 1930, p. 70)

Podemos pensar que Antônio, Bernadete e Maciel se ancoraram nas lembranças remotas das suas vidas laborais como um mecanismo psíquico de sustentação das suas identidades e subjetividades, em um esforço de manutenção da consciência de si e da continuidade do eu, aspectos tão marcadamente ameaçados pela evolução da demência.

Os fragmentos clínicos mostram idosos em situação de dependência do outro. Dependência esta não somente em nível das fragilidades físicas, mas uma dependência no campo da simbolização e da representação pela linguagem.

A aposta feita, a partir do meu desejo de escuta, foi a de me servir, incluindo também os familiares e acompanhantes, metaforicamente, como "próteses" para favorecer simbolizações e representações (parafraseando Winograd, Sollero-de-Campos & Drummond, 2008). Assim, seguindo com a desafiante tarefa de fazer emergir conteúdos de subjetividades, ainda que trôpegos e vacilantes, na defesa de que há uma vida psíquica mesmo na demência.

Os casos apresentados ilustram situações de agudização de sintomas físicos com necessidade de internação hospitalar. Desse modo, o ambiente hospitalar se institui como artificial no sentido de não abarcar o cotidiano dos cuidados desses idosos pelos familiares, em suas casas. Ao construir cenas de atendimento que necessariamente envolvessem os idosos e os seus familiares e/ou acompanhantes, busquei observar como se davam as interações entre eles, ou intermediar as interações que já não mais se faziam espontaneamente, especialmente nos casos de demências em estágios avançados. As observações dessas interações no hospital me davam um pequeno panorama de como essas relações se davam no domicílio, e também sobre estas eu procurava intervir, já como preparação psicológica dos cuidadores para os casos de alta hospitalar. As mesmas observações também se tornaram preciosas para os casos de pacientes terminais, valorizando cada gesto e expressão dos pacientes a partir do resgate da história familiar e particular do idoso, favorecendo momentos de encontros e de despedidas.

As discussões dos casos com as equipes médica e multidisciplinar propiciaram o desenvolvimento de um olhar mais humanizado e sensibilizado para o manejo dos casos, bem como a construção de um plano terapêutico singular, como preconizado no SUS. Os fragmentos clínicos apresentados retratam como que adaptações na relação médico-paciente e como que flexibilizações de algumas normas hospitalares podem repercutir favoravelmente nos cuidados aos pacientes, prevenindo agitação psicomotora e aumentando a adesão aos tratamentos. Com isso, evidencia-se a importância e o diferencial de se ter a Psicologia como integrante nas equipes assistenciais.

Os manejos de cuidado que incluam a história particular do idoso e a dele dentro da história familiar podem promover uma relação entre o idoso e o cuidador que seja mais harmoniosa e menos conflitante. Desta forma, uma relação que abarque não somente os cuidados essenciais com o corpo (alimentação, medicação, vestuário e segurança física), mas facilitando inclusive essa esfera de cuidados ao fazer o idoso se sentir acolhido e repeitado em sua singularidade (Cardoso e Diniz, 2016).

Vislumbrar as marcas da subjetividade, a despeito das marcas tão nitidamente inscritas pela demência e que frequentemente insistem por se sobrepor ao que há de singular no idoso impõe-se como algo tortuoso, mas também como um belo desafio. A manutenção de uma escuta atenta do sujeito demenciado não é tarefa fácil, mas se firma como uma possibilidade de preservação desses pacientes nas funções libertadora e socializante da linguagem.

REFERÊNCIAS BIBLIOGRÁFICAS

Cardoso, S., & Neto, O.D. *Considerações sobre a Repetição da Linguagem no Idoso com Alzheimer: Uma Perspectiva Psicanalítica* Revista Subjetividades, Fortaleza, 16(3): 58-69, dezembro, 2016.

Freud S. O mal-estar na cultura (1930 [1929]). Tradução de Renato Zwick. Revisão técnica e prefácio de Márcio Seligmann-Silva. Porto Alegre: L&PM, 2011.

Goldfarb, D. C. (1998). *Corpo, tempo e envelhecimento*. São Paulo: Casa do Psicólogo.

Goldfarb, D. C. (2004). *Demências* (Coleção Clínica Psicanalítica). São Paulo: Casa do Psicólogo.

Instituto Brasileiro de Geografia e Estatística. (2015). *Síntese de indicadores sociais: Uma análise das condições de vida da população brasileira*. Rio de Janeiro: IBGE.

Sacks, O. (1997). *O homem que confundiu sua mulher com um chapéu*. São Paulo: Companhia das letras. (Originalmente publicado em 1933).

ORTEGA, Francisco. *O sujeito cerebral e o movimento da neurodiversidade*. Mana, Rio de Janeiro, v. 14, n. 2, p. 477-509, Oct. 2008. Available from <http://www.scielo.br/scielo.php?script=sci_arttext&pid=S0104-93132008000200008&lng=en&nrm=iso>. access on 09 July 2019. http://dx.doi.org/10.1590/S0104-93132008000200008

Vorcaro, A. (2010) Psicanálise e método científico: o lugar do caso clínico. In F. Kyrillos Neto, & J. O. Moreira (Orgs.). *Pesquisa em Psicanálise: Transmissão na universidade*. Barbacena: EdUEMG.

Winograd, M., Sollero-de-Campos, F., & Drummond, C. (2008). O atendimento psicanalítico com pacientes neurológicos. *Revista Mal-estar e Subjetividade, 8*(1), 139-170.

World Alzheimer Report. (2015). *The Global Impact of Dementia - An analysis of prevalence, incidence, cost and trends*. Londres: Alzheimer's Disease Internacional.

ALGUMAS CONTRIBUIÇÕES DA PSICANÁLISE PARA O ATENDIMENTO PSICOLÓGICO A IDOSOS INTERNADOS EM ENFERMARIA HOSPITALAR

Vanessa Biscardi Matos
Orestes Diniz Neto

INTRODUÇÃO

Este trabalho surgiu da assistência psicológica a idosos internados em enfermarias de um hospital escola público de Belo Horizonte, Minas Gerais. Ele tem como objetivo propor contribuições da teoria psicanalítica para o atendimento a pessoas idosas cognitivamente preservadas, hospitalizadas em enfermarias, a partir das seguintes questões: quais as possibilidades de aplicação da psicanálise para realizar atendimento psicológico a idosos? Como se articula a teoria e a prática psicanalítica com esses sujeitos no *setting* de internação em enfermaria hospitalar?

Até o final dos anos 1970, a estrutura etária da população brasileira era jovem, fruto de um longo histórico de níveis elevados de fecundidade. Em âmbito nacional, entre 1940 e 1970, a proporção do grupo de crianças e adolescentes de 0 a 14 anos de idade se manteve estável em um patamar em torno de 42% no total da população. Nas décadas seguintes observou-se um declínio da fecundidade no país, de modo que em 2010 a proporção desse grupo caiu para 25,5%. Por outro lado, houve um crescimento do grupo de idosos de 60 anos de idade ou mais, resultante tanto da diminuição do número de nascimentos, quanto da elevação da esperança de vida (IBGE, 2016).

De acordo com uma projeção do IBGE (2013), o processo de aumento da idade média da população do Brasil irá manter-se nas próximas décadas, de modo que o grupo de pessoas de 60 anos ou mais duplicará em termos absolutos, passando de 14,2 milhões em 2000 para 29,3 milhões em 2020, alcançando 66,5 milhões em 2050. Trata-se, portanto, de um crescimento constante do índice de envelhecimento da população brasileira. Se na fase inicial da transição da fecundidade (1970) havia um índice de apenas 12,1 idosos para cada 100 crianças e adolescentes de 0 a 14 anos de idade, em 2010 esse índice passou para 39. E há uma estimativa de que ele chegue em 66,1 em 2020 e 208,7 idosos para cada 100 crianças e adolescentes em 2050 (IBGE, 2016).

A expansão do número e da proporção de indivíduos pertencentes ao extrato da população denominado idoso traz grandes desafios. Trata-se de um grupo heterogêneo, repleto de diversidades em termos de idade, gênero, etnia, cultura, moradia (rural ou urbana), educação, situação socioeconômica, religião, orientação sexual e saúde (APA 2014; UNFPA, 2012). No campo da saúde, destaca-se o aumento da demanda por serviços e a necessidade de desenvolvimento de pesquisas e estratégias para o provimento de uma assistência específica a essas pessoas (UNFPA, 2012).

Dados do IBGE (2016) referentes ao ano de 2010 indicam que em termos de média nacional de internações para cada grupo extremo etário, idosos são internados em média três vezes mais dos que crianças e adolescentes até 14 anos – 12,5% contra 4,1%. Com relação ao gasto médio das internações, o gasto com internações entre os idosos chega a ser 36,7% superior. Quanto à média de dias de permanência na rede hospitalar, os valores também são mais expressivos entre os idosos, em todas as áreas espaciais, sendo a média nacional de 7,6 dias entre idosos contra 4,8 dias entre as crianças e adolescentes. Na Região Sudeste, a média de dias de internação entre os idosos chega a 9,4 dias, significando uma diferença de 4,1 dias em relação à faixa etária de 0 a 14 anos (IBGE, 2016).

Os sistemas de saúde atuais ainda se encontram despreparados para atender a essa demanda e há pouco investimento nessa área, incluindo a própria atuação da psicologia (Genaro, 2013). A Associação Americana de Psicologia, reconhecendo as singularidades que envolvem a prática profissional com pessoas idosas, publicou em 2004 o *Guidelines for Psychological Practice with Older Adults*. Em 2014 foi disponibilizada uma versão atualizada do documento, a qual reitera o crescimento da prática psicológica com idosos devido à mudança demográfica, bem como à ampliação dos campos de atuação profissional.

De acordo com o *Guidelines* (APA, 2014), inevitavelmente o envelhecimento inclui a necessidade de adaptação a mudanças físicas, limitações funcionais e outras modificações no funcionamento psicológico e social, embora haja diferenças significativas individuais quanto ao início, curso e gravidade dessas alterações. A diretriz referente à competência e atitudes para trabalhar com adultos mais velhos aponta de um lado que alguns problemas das pessoas idosas são essencialmente os mesmos que os de pessoas de outras idades, os quais irão responder ao mesmo repertório de habilidades e técnicas dos psicólogos com formação genérica. Mas, por outro lado, ressalta que alguns desafios clínicos surgem exclusivamente na velhice e podem exigir habilidades específicas do profissional para diagnóstico e para a utilização de métodos de intervenção, os quais devem ser aplicados com as devidas adaptações.

Os idosos tendem a diferir quanto ao grau de comprometimento e à capacidade funcional em virtude do contexto (APA, 2004). Por exemplo, é mais provável encontrar idosos com melhor funcionalidade no contexto de atendimento ambulatorial, ao passo que em instituições de cuidados de longa permanência o profissional trate mais de pessoas fisicamente frágeis e/ou com prejuízos cognitivos (APA, 2004; Moraes, 2008). Deste modo, é importante adaptar as intervenções ao ambiente e ao contexto de trabalho, quer seja um consultório privado, no domicílio do paciente, no hospital ou em instalação de cuidados de longa permanência (APA, 2014). Nesse sentido, o contexto de intervenção e as características individuais dos idosos são dimensões de conhecimento que ajudam a balizar as prioridades na elaboração e implementação da atuação psicológica (Batistoni, 2009).

Em circunstâncias de adoecimento e hospitalização pode haver a ocorrência de sofrimento psíquico. Atento a esta situação, o Conselho Federal de Psicologia publicou a Resolução 013/2007, a qual indica que, no âmbito da instituição hospitalar, o psicólogo presta serviços de nível secundário e terciário da atenção à saúde. Uma das funções desempenhadas por esse profissional é o atendimento psicológico a pacientes e familiares e/ou responsáveis pelo paciente tendo como principal tarefa avaliar e acompanhar intercorrências psíquicas dos usuários dos serviços de saúde que estão ou serão submetidos a procedimentos médicos clínicos ou cirúrgicos, nas diferentes especialidades médicas (CFP, 2007). A psicologia hospitalar oferece escuta ao sujeito adoecido a fim de, entre outros objetivos, favorecer a elaboração simbólica do adoecimento (Simonetti, 2011).

As peculiaridades do *setting*, as especificidades que envolvem o atendimento psicológico a idosos e o uso da teoria psicanalítica para atendê-los, exigem reflexões. A psicanálise enquanto campo de investigação e intervenção vem desenvolvendo-se ao longo do tempo, questionando-se e oferecendo propostas para novos espaços de atuação, como na psicologia hospitalar e no trabalho com idosos. O presente estudo visa uma articulação dessas duas áreas relativamente recentes e desafiadoras a partir do arcabouço teórico psicanalítico.

Para alcançar o objetivo proposto, a partir da interface entre psicanálise, idoso e hospital, realizamos uma pesquisa no Portal de buscas da Capes[25]. Os resultados apontaram um agrupamento de trabalhos sobre as temáticas (1) psicanálise com idoso e (2) psicanálise no hospital. Apenas uma publicação sobre psicanálise com idoso no hospital foi encontrada nessa busca, a qual não enfocava a atuação em enfermarias hospitalares. Desta forma, realizou-se uma revisão sobre psicanálise com idosos e outra sobre a psicanálise no hospital para, em seguida, a partir de uma síntese integradora (Lima & Mioto, 2007), propor algumas contribuições teóricas sobre a psicanálise com idosos com cognição preservada hospitalizados em enfermaria.

PSICANÁLISE COM IDOSOS

Na conferência de 1904 *Sobre a psicoterapia*, Freud (1996) apontou a idade igual ou superior a cinquenta anos, o que correspondia à faixa etária das pessoas consideradas idosas naquela época, como uma contraindicação para o tratamento analítico. A justificativa exposta por ele diz respeito à falta de "[...] plasticidade dos processos anímicos de que depende a terapia - as pessoas idosas já não são educáveis" (p. 250) e ao prolongamento indefinido do tratamento em função da quantidade do material a ser elaborado.

Uma vez que o conceito de neurose infantil e o desenvolvimento teórico a respeito do complexo de Édipo eram centrais para a teoria da gênese das neuroses, naquele tempo considerou-se que no paciente mais velho este complexo paradigma estaria profundamente reprimido e praticamente inacessível por trás de tudo o que havia acontecido durante os anos intermediários da vida e do envelhecimento. Além disso, mesmo que os conflitos centrais pudessem ser trazidos à consciência, era questionada a quantidade de tempo ou de vida restantes para fazer uso do *insight* e da liberdade adquiridos (Valenstein, 2000).

Nesse contexto, Hollender (1952) assinalou que a análise não é um procedimento para pessoas com cinquenta anos e mais, visto não haver esperança suficiente no futuro que forneça a motivação necessária para aguentar as tensões mobilizadas pela análise, recomendando outras abordagens psicoterapêuticas. Porém, o próprio Freud (1905/1904) antecipa que as ideias apresentadas não são definitivas. E em muitos momentos deixa explícito em seus escritos que não tinha uma mente fechada referente a futuros avanços e modificações da psicanálise (Valenstein, 2000).

---

25 <http://www.periodicos.capes.gov.br> Acesso em 25 de julho de 2015.

Karl Abraham (1919), discípulo de Freud, já naquele tempo atendeu pessoas consideradas idosas. Segundo este autor, muitos dos casos tiveram sucesso e aqueles considerados desfavoráveis ocorreram em função dos mesmos motivos pelos quais a psicanálise falhou com pacientes mais jovens, sendo mais importante para o sucesso da análise a idade em que a neurose irrompe do que a idade em que o tratamento é iniciado. E como observado por Plotkin (2014), nas décadas subsequentes outros fizeram contribuições, tais como Smith Ely Jelliffe em 1924, Carl Jung em 1933, Martin Grotjahn em 1955, Hannah Segal em 1958 e Erik Erikson mais extensamente em 1959 e 1966.

Eventos como as reuniões anuais da Associação Psicanalítica Americana em 1963 e novamente em 1982, e o primeiro Congresso da Associação Psicanalítica Internacional em 1979, apontaram o aumento do interesse dos psicanalistas pelo estudo do envelhecimento e enfatizaram que a idade avançada não é uma razão suficiente para excluir os pacientes do trabalho psicanalítico. Desde então, tem sido publicado trabalhos contendo material clínico sobre os bons resultados alcançados com a psicanálise de pacientes na segunda metade da vida, sobre aspectos práticos da clínica com idosos, bem como sobre a transferência e a contratransferência no trabalho com adultos mais velhos (Plotkin, 2014).

O campo da Psicanálise passou a apresentar duas perspectivas distintas quanto ao trabalho com idosos. De um lado as teorizações fundamentam-se na metapsicologia clássica e justificam com base nas características do inconsciente o atendimento psicanalítico a idosos. De outro lado, com base no processo de constituição psíquica ao longo da vida, concebe-se a velhice como um momento também constituinte, o qual possui especificidades e revela um campo fecundo para o trabalho analítico com idosos (Genaro, 2013).

A metapsicologia clássica enfatiza questões próprias da velhice pela ótica do pulsional e da linguagem, sustentando em Freud e Lacan sua teorização e ressaltando os aspectos da primeira infância como determinação inconsciente da vida intrapsíquica (Genaro, 2013). A velhice é apontada como efeito dos discursos e argumenta-se que o sujeito não envelhece dadas as características do inconsciente e o seu funcionamento peculiar - sem contradições, dispensa pouca atenção à realidade, regido pelo princípio do prazer, ignora a lógica cronológica e temporal (Genaro, 2013; Reis Filho & Santos, 2007).

Duas visões emergiram dentro do campo metapsicológico quanto à intervenção. Alguns autores descreveram proceder com cautela e de modo a dar suporte, ao passo que outros descreveram abordagens mais orientadas para o *insight*. No entanto, dentro dessa perspectiva teórica, a determinação de como proceder, fazendo um trabalho de suporte ou mais interpretativo, é vista como tendo mais relação com a atitude do analista do que com a necessidade do paciente (Plotkin, 2000).

Por outro lado, embasado na teoria psicanalítica winnicottiana sobre o processo maturacional, bem como nas contribuições de Safra sobre os aspectos fundantes na clínica com idosos, Genaro (2014) ressalta que o trabalho com pessoas idosas demanda um olhar para as especificidades da velhice, a qual é constitutiva e carece de cuidados específicos.

Winnicott (1993, p. 216) afirma que "existe um processo contínuo de desenvolvimento emocional, que começa antes do nascimento e prossegue ao longo da vida, até a morte (com sorte) de velhice", contribuindo de forma significativa para o estudo da velhice, como destacado por Genaro (2014). Segundo este autor, a teoria winnicottiana quebra o paradigma metapsicológico ao considerar a importância do ambiente, a necessidade de alteridade, como condição necessária para a constituição do ser.

Winnicott (1990, p. 179) revela que "ao estudarmos um indivíduo de qualquer idade, poderemos encontrar todos os tipos de necessidades ambientais, das mais primitivas às mais tardias" e, com isso, esclarece que não há etapa de vida que não demande certa constituição, conforme observa Genaro (2014). Ele define ambiente como um espaço propiciador de condições físicas e psicológicas das quais toda pessoa necessita para se sentir humana, existindo e se percebendo como real (Winnicott, 1990). Como assinala Genaro (2014), trata-se de um facilitador fundamental para a constituição, desde os cuidados maternais iniciais que definem a constituição de um estatuto integrado do *self*, até o lugar cultural e social em que vivemos, incluindo as necessidades tardias. Nesta perspectiva, o ser humano é concebido como alguém que possui uma tendência inata à integração, a qual é efetivada pelo favorecimento do meio ambiente (Winnicott, 1990).

Em se tratando das necessidades tardias, foco de interesse do presente trabalho, considera-se como um aspecto fundamental o processo de desconstrução (Safra, 2006 citado por Genaro, 2014). Fazem parte deste processo as transformações vividas no corpo (a visão não é mais a mesma, o corpo não responde com agilidade e rapidez como antes, a vida sexual modifica-se), as perdas (do trabalho, do cônjuge e de amigos, filhos que se casam), e uma consciência maior da finitude (Safra, 2006 citado por Genaro, 2014). Neste momento, a desconstrução de si diante de alguém se configura como uma das necessidades específicas do idoso e torna-se fundamental poder contar com um ambiente que auxilie o envelhecer e o próprio morrer, pois ambos também são constitutivos (Genaro, 2014).

Com a proximidade da morte e a maior noção do que é o tempo, surge também a necessidade do idoso de compreender as questões de sua origem e seu fim de maneira mais urgente em comparação com outros momentos da vida (Genaro, 2014). Além dos aspectos físicos e psíquicos, inevitavelmente, a pessoa idosa vive consciente ou inconscientemente, um balanço da sua vida em seu sentido maior, para assim poder vir a formular um fim possível, ao qual possa destinar a sua existência, acolhendo a própria velhice e a possibilidade de morrer (Safra, 2006 citado por Genaro, 2014).

Em se tratando dos cuidados psicológicos específicos ao idoso, reconhecendo que a velhice é marcada por um processo de contínua desconstrução vivida no corpo, no social e no próprio *self*, Genaro (2014) aponta ser arriscado tentar aplicar o mesmo arcabouço teórico-técnico a este fenômeno distinto. E ressalta a importância de o ambiente psicoterapêutico ofertar lugar e ambiência necessários para o encontro com o humano, favorecendo os "balanços existenciais", acolhendo a velhice e fornecendo um momento de alteridade que auxilie a pessoa idosa na revisão do sentido da vida vivida.

A PSICANÁLISE NO HOSPITAL

A psicologia encontra lugar nas instituições de saúde a partir do momento em que a medicina exclui a subjetividade mas, ao mesmo tempo, necessita de um profissional para tratá-la (Machado, 2011). Nos hospitais, a psicologia hospitalar é o campo de entendimento e tratamento dos aspectos psicológicos em torno do adoecimento, os quais dizem respeito às manifestações da subjetividade humana diante da doença, tais como os sentimentos, os desejos, a fala, os pensamentos e os comportamentos, as fantasias e as lembranças, as crenças, os sonhos, os conflitos, o estilo de vida e o estilo de adoecer (Simonetti, 2011). Estes aspectos podem ser causadores, mantenedores, agravantes ou consequentes da doença e do quadro clínico em geral (Martins, 2011).

Conforme aponta Simonetti (2011, p. 27), a psicanálise é uma abordagem que favorece a transferência do foco da "doença" para o "sujeito", com suas formas conscientes e inconscientes de lidar com o adoecimento. Segundo esse autor, trata-se de uma estratégia que orienta todo o trabalho para a palavra e uma técnica que, embora modificada, afinal divã e leito não são a mesma coisa, permitem o fundamental da psicanálise: fazer falar e escutar.

A inserção da psicanálise nos hospitais gerais do Brasil ocorreu na década de 1970 e teve crescimento a partir dos anos 1990. Trata-se de uma clínica relativamente recente e que se encontra em construção. Algumas precursoras dessa inserção, tais como Marisa Decat de Moura, Sônia Alberti e Consuelo Pereira de Almeida, apontam resistências encontradas à época para a sustentação do trabalho psicanalítico em hospitais tanto por parte da instituição, quanto por parte dos próprios psicanalistas por tratar-se de uma atuação fora do tradicional *setting* analítico (Machado, 2011).

De modo geral, os aspectos clínicos relacionados à psicanálise no hospital são abordados na literatura entrelaçados às questões referentes ao contexto institucional. Torezan & Rosa (2003) indicam a demanda por uma abrangência das questões ambientais, do relacionamento com a equipe, bem como dos aspectos institucionais e familiares. Gomes & Próchno (2015) apontam para a necessidade de se atentar também para a fragilidade emocional de outros profissionais no âmbito hospitalar, os quais ao se depararem com a fragilidade do doente apresentam nas relações e procedimentos sinais de desamparo. Carvalho (2008) ressalta ser preciso levar em conta que a dimensão traumática das experiências vividas no ambiente hospitalar mostra-se presente para os pacientes, familiares e profissionais, e merece ser considerada por quem deseja ocupar o lugar de analista no hospital geral. Machado (2011) indica que o analista faz parte da equipe e não tem como se desprender dela. Aponta que na maioria das vezes é o analista que vai até o paciente, bem como a ausência do divã, a ocorrência de atendimentos em corredores ou escadarias do hospital, nos leitos, nas enfermarias, no necrotério.

Em se tratando dos aspectos clínicos referentes ao trabalho no hospital, cabe considerar que este cenário retira do sujeito a sua individualidade. Nele circulam discursos que visam à normalidade e à homogeneidade. E, além disso, neste contexto, o indivíduo encontra-se distante da família e do círculo social, é separado dos seus pertences e iguala-se aos demais pacientes através das vestimentas, das regras de comportamento e dos padrões de atendimento. Muitas vezes a sua identificação é feita através do número do seu leito ou do seu diagnóstico, e a sua participação fica restrita no que se refere às investigações médicas e aos tratamentos. Os exames por vezes são invasivos e podem vir acompanhados de diagnósticos graves, de intenso sofrimento físico e de um tempo prolongado de hospitalização (Torezan & Rosa, 2003).

Nesse sentido, a imersão da individualidade em processos institucionais destituem o sujeito, propiciando a sujeição da subjetividade. Primeiro é destituído pela doença do controle do seu corpo e, com a hospitalização, é destituído da sua rotina, do domicílio, dos hábitos e da privacidade. A sensação de finitude pode vir a destituí-lo do campo das certezas e lançá-lo em uma condição que produz cisão e sofrimento (Gomes & Próchno, 2015).

Na realidade do sistema público de saúde, é comum ter um mínimo de três ou quatro pacientes por quarto nas enfermarias hospitalares, sem divisões ou biombos, o que em alguma medida coloca em xeque a privacidade ideal do ambiente analítico. A rotina institucional costuma preencher boa parte do dia do paciente e é comum a interrupção do atendimento psicológico por outro profissional. Ou ainda a interrupção por pacientes dos leitos ao lado, bem como por familiares, acompanhantes ou visitas. Há também a incerteza da duração do processo, de cada sessão ou mesmo do encontro seguinte (Oliveira & Rodrigues, 2014). Além disso, existem as especificidades da condição física do paciente decorrentes do adoecimento e de toda a sorte de reações e intercorrências em função do tratamento de saúde proposto.

Simonetti (2011) ressalta que o psicólogo trabalha com o corpo simbólico do paciente, o qual se encontra nas palavras. Ele indica que a orientação do trabalho pela palavra é válida mesmo nos casos em que o paciente se encontra impossibilitado de falar, por razões orgânicas ou por pura resistência. E justifica tal orientação visto existirem muitos signos não-verbais com valor de palavra, como gestos, olhares, a escrita e mesmo o silêncio.

Na maioria das vezes o psicanalista é convocado por outro profissional de saúde, e não pelo próprio paciente, o que difere muito do sujeito que procura o analista em seu consultório particular e lhe traz uma queixa que diz de sua demanda. No hospital será preciso uma apropriação da demanda de atendimento por parte do paciente (Carvalho, 2008; Torezan & Rosa, 2003). A demanda é um estado psicológico caracterizado por um questionamento ou incômodo da própria pessoa em relação à maneira como está vivenciando o seu adoecimento e implica, necessariamente, certo nível de trabalho psíquico. Assim, qualquer pessoa da equipe ou da família pode solicitar o atendimento psicológico para o doente, mas a demanda só pode vir do próprio sujeito (Simonetti, 2011).

Destaca-se como fundamental da psicanálise neste *setting* a escuta analítica e o manejo situacional. A escuta analítica volta-se para as manifestações inconscientes ao longo da fala e, para realizá-la, o psicanalista utiliza intervenções básicas da clínica tais como associação livre, interpretação e análise da transferência (Simonetti, 2011). Essa escuta tem como direção de tratamento a emergência de conteúdos inconscientes, de modo que o paciente se interrogue e se envolva cada vez mais com a sua própria vida, saindo de uma posição de objeto, a qual é imperativa na instituição hospitalar (Torezan & Rosa, 2003).

De acordo com Simonetti (2011), o manejo situacional diz respeito às intervenções direcionadas à situação concreta que se forma diante do adoecimento, as quais geralmente não são necessárias no consultório, tais como análise institucional e mediação de conflitos. Podemos associar este manejo a uma atuação criativa e flexível do analista para lidar com as dificuldades inerentes a este cenário de atendimento.

Dadas as especificidades deste contexto, o psicanalista não propõe uma experiência analítica propriamente dita no hospital, mas cria um espaço de escuta que pode autorizar as manifestações de subjetividade (Machado, 2011). Em função dessa escuta do sujeito, sustenta-se a singularidade de cada caso (Machado, 2011; Carvalho, 2008). Trata-se de um trabalho realizado na contramão da padronização de comportamentos, da normatização de atitudes e da adaptação dos indivíduos à situação de adoecimento, propiciando o resgate do sujeito em sua singularidade radical (Machado, 2011).

ALGUMAS CONSIDERAÇÕES TEÓRICAS SOBRE A PSICANÁLISE COM IDOSOS HOSPITALIZADOS EM ENFERMARIA

As transformações biológicas relacionadas ao envelhecimento propiciam um maior surgimento das doenças em geral e de patologias características da velhice tais como câncer, cardiopatias, demências e acidente vascular cerebral, podendo acarretar em uma correlação entre velhice e adoecimento (Kamkhagi, 2007). Os dados fisiológicos e os psicológicos se interpõem, de modo que a vida psíquica de um indivíduo só pode ser compreendida a partir da sua situação existencial. Tal situação tem repercussões no organismo e, ao mesmo tempo, é vivida de modo particular segundo um maior ou menor grau de deterioração do corpo (Beauvoir, 1970).

A reatualização do esquema corporal, da imagem do corpo e do conceito de si é uma tarefa cotidiana que se intensifica em determinados momentos, como na constituição psíquica na primeira infância, na adolescência, na velhice e nos períodos de grande trauma tais como acidentes físicos, intensas perdas e frustrações, e adoecimentos (Kamkhagi, 2007). Em meio ao turbulento contexto de adoecimento e internação, o idoso hospitalizado tem o duplo desafio de lidar com a consciência da finitude trazida pela entrada na velhice, e de enfrentar as limitações da doença sofridas no corpo, o qual escancara a constatação da possibilidade de morte (Martins, 2011).

Uma questão específica da clínica psicanalítica com idosos é a tendência desses pacientes a vivenciarem perdas com maior frequência. Quinodoz (2009) observou que a procura dos idosos por ajuda de um psicanalista geralmente está vinculada a uma dificuldade com processos de luto ou a uma ansiedade consciente ou inconsciente sobre a morte. Existem perdas relacionadas ao próprio funcionamento psicológico e físico, comumente experimentadas como um prejuízo, uma perda narcisista de auto-suficiência. E, especialmente os idosos mais velhos, sofrem a perda de importantes laços afetivos, bem como das amarrações familiares da sua própria mente e corpo da forma como sempre os conheceram (Valenstein, 2015). No hospital essas perdas somam-se ao que Gomes & Próchno (2015) descreveram como uma destituição do sujeito frente aos processos institucionais. Deste modo, observa-se que o adoecimento e a internação hospitalar têm uma relação particular com os aspectos subjetivos vivenciados pela pessoa idosa. Cada sujeito de modo singular apresenta a necessidade de compreender as questões de sua origem e seu fim, as quais se apresentam de forma mais urgente na velhice e intensificada no hospital.

Em se tratando das possibilidades de intervenção clínica, o contexto hospitalar geralmente não permite processos extensos, exigindo uma conduta diagnóstica e interventiva imediata, com precisão e efetividade. Quanto à avaliação psicológica, realizá-la com o paciente idoso é algo complexo que necessita de considerações quanto às alterações próprias desse momento de vida em sua esfera psíquica, existencial e cognitiva, bem como de um levantamento sobre a sua história biográfica (Genaro, 2013).

No trabalho com idosos hospitalizados, a escuta analítica com vistas à emergência do sujeito precisa considerar as especificidades e necessidades dessa fase de vida, as quais dizem respeito a um processo de contínua desconstrução vivida no corpo, no social e no próprio *self*, como descrito por Genaro (2014). A percepção da possibilidade de morte, muitas vezes escancarada frente aos acometimentos do corpo e à hospitalização, junto às necessidades tardias apontadas anteriormente, exigem um ambiente psicoterapêutico acolhedor que favoreça a constituição da desconstrução do *self*.

As enfermarias hospitalares apresentam desafios peculiares para o atendimento psicológico como falta de privacidade, interrupções e o próprio estado de saúde do paciente, como já discutido. Todavia, através da escuta, da fala, do silêncio e do toque, o analista pode propiciar o que Winnicott (1990) descreveu como um ambiente com condições físicas e psicológicas essenciais para que a pessoa se sinta humana, existindo e se percebendo como real. Segundo Genaro (2013), o clínico se coloca em disponibilidade, oferecendo-se como base de sustentação para a interlocução e o reposicionamento das várias facetas decorrentes do processo de envelhecimento e do sentido da existência. No *setting* de internação hospitalar incluem-se os aspectos decorrentes do adoecimento e dos tratamentos vigentes. Neste contexto a presença do analista pode proporcionar um ambiente seguro, fornecer *holding* e favorecer a reorganização psíquica do paciente.

Quanto ao manejo relacionado à dimensão institucional da prática psicanalítica no hospital, em virtude da complexidade envolvida no trabalho com idosos, é preciso atuar junto a uma equipe multiprofissional, não sendo possível psicologizar todos os acontecimentos (Reis Filho e Santos, 2007). E a equipe também deixa escapar as suas questões subjetivas em meio às padronizações que intensificam o anonimato das subjetividades. No trabalho com idosos, o fato de muitas vezes haver grandes esforços e pouco ou nenhum resultado curativo, provoca frustração nos profissionais (Martins, 2011).

Martins (2011) relata ter notado nos atendimentos solicitados por profissionais aos pacientes de um Serviço de Geriatria que alguns encaminhamentos estavam mais associados a dificuldades dos profissionais do que dos pacientes. A velhice pode amplificar para os profissionais de saúde o desamparo visto escancarar a finitude não só pelo adoecimento, mas também pela terminalidade da vida em função do envelhecimento. O psicanalista deve estar atento a essas possíveis repercussões na equipe e, quando necessário, realizar uma escuta acolhedora.

Outro ponto importante para o trabalho em equipe de saúde do idoso é a relação família-paciente-equipe. Seja por uma demanda institucional ou pelo desejo de acompanhar o seu ente, a família com freqüência está presente junto ao idoso. Muitas vezes, embora as funções cognitivas do paciente estejam preservadas, os familiares têm uma representação do idoso como frágil pela idade e/ou pelo adoecimento, e solicitam à equipe omissões quanto a diagnósticos e tratamentos, bem como uma privação da pessoa hospitalizada da tomada de decisões relativas aos seus cuidados de saúde. De outro lado, a equipe algumas vezes também se direciona à família para a tomada de decisões compartilhadas, deixando o paciente fora dessas discussões. Isso contribui para uma objetificação do idoso, o qual com frequência expressa sofrimento psíquico pela autonomia tolhida em função tanto do envelhecimento, quanto do adoecimento.

O analista, atento a essas questões, pode fazer intervenções junto à família e à equipe a fim de favorecer a participação do idoso para informar sobre si e decidir o que lhe couber quanto ao seu tratamento. Além disso, deve favorecer por meio do seu trabalho junto ao paciente que ele se responsabilize enquanto sujeito e decida de que modo deseja se apropriar do que se passa em seu corpo e ao seu redor nesse contexto de hospitalização. Nesses casos a posição do analista frente a idoso-família-equipe é metafórica à posição frente à díade mãe-bebê.

CONSIDERAÇÕES FINAIS

A ciência desmitificou a falta de plasticidade na velhice. Na maioria dos idosos, as mudanças na cognição relacionadas à idade são suaves e não interferem de forma significativa no funcionamento diário. Eles permanecem capazes de novas aprendizagens, embora tipicamente a um ritmo um pouco mais lento do que os indivíduos mais jovens (APA, 2014). Todavia, as considerações de Freud não foram de todo impertinentes, visto a constatação de uma maior lentidão dos processos de aprendizagem e a consideração do tempo cronológico disponível para o trabalho analítico.

Diante das peculiaridades apresentadas pelos idosos, as quais influenciam tanto a subjetivação quanto a aplicação do método e das técnicas psicanalíticas, não se trata de silenciar as particularidades dessa clínica tratando o idoso como um adulto envelhecido, nem de recuar, conforme a contraindicação de Freud. É preciso pensar em novos modos possíveis de tratamento como os já bastante consolidados em se tratando da análise de crianças e adolescentes. Trata-se de uma questão ética imposta à psicanálise.

A população idosa está crescendo e a demanda de serviços de saúde com assistência específica para estas pessoas também. Torna-se importante investir em pesquisas e estratégias relacionadas ao contexto hospitalar uma vez que os idosos têm hospitalizações mais frequentes e mais longas. Nesse *setting*, os aspectos psíquicos relacionados à velhice, bem como à internação hospitalar precisam ser considerados e a psicanálise é um campo fecundo para elaborações referentes a estas questões.

É crescente o número de publicações sobre a velhice em suas diversas vertentes, tais como a gerontologia, a psicologia do desenvolvimento, a psicologia social, a neuropsicologia e a psicologia clínica. No âmbito da saúde, existem trabalhos sobre serviços hospitalares de caráter médico, psiquiátrico e/ou instituições de longa permanência, os quais contemplam a presença de psicólogos com trabalhos diversos (Genaro, 2013). Todavia, são escassas as publicações sobre serviços de psicologia clínica voltados para o atendimento a idosos no hospital. Deste modo, como indica Genaro (2013), até o momento observa-se uma carência de ambientes especializados que contemplem as necessidades próprias da velhice sem reduzi-las aos aspectos orgânico-funcionais ou ao determinismo metapsicológico da psicanálise clássica.

Na revisão bibliográfica do presente trabalho, os resultados encontrados sobre psicanálise e hospital são embasados no referencial freudiano e lacaniano. Ao passo que os achados sobre idoso e psicanálise se dividem entre os que partem da metapsicologia clássica e os que têm como pressuposto a especificidade dessa clínica, bem como a continuidade do processo de constituição subjetiva no decorrer de toda a vida à luz da teoria winnicottiana.

Tanto o interesse pelo trabalho psicanalítico com idosos, quanto o trabalho do analista no hospital são relativamente recentes. E a escassez de trabalhos sobre a psicanálise com idosos hospitalizados, parece estar relacionada a fundamentações teóricas distintas lidando separadamente com as questões da clínica com idosos e com os aspectos da psicanálise no hospital. Novos estudos são necessários para essa área tão vital e importante. Aponta-se como limitação deste estudo a restrição do escopo teórico e da pesquisa bibliográfica que não incluiu outras abordagens da psicanálise ao idoso. Novos trabalhos são necessários para explorar estas questões.

REFERÊNCIAS

Abraham, K. (1919). The applicability of psycho-analytic treatment to patients at an advanced age. In E. Jones (Org.). *Internacional Psycho-Analitical Library: N. 13. Selected papers of Karl Abraham M. D.* (Vol. 1, pp. 312–317). New York: Basic Books.

American Psychological Association (2004). Guidelines for psychological practice with older adults. *American Psychologist, 59*(4), 236-260. doi: 10.1037/0003-066X.59.4.236

American Psychological Association (2014). Guidelines for psychological practice with older adults. *American Psychologist, 69*(1), 34-65. doi: 10.1037/a0035063

Batistoni, S. S. T. (2009). Contribuições da Psicologia do Envelhecimento para as práticas clínicas com idosos. *Psicologia em Pesquisa, 3*(2), 13-22. Recuperado em 24 de outubro de 2015, de http://pepsic.bvsalud.org/scielo.php?script=sci_arttext&pid=S1982-12472009000200003&lng=pt&tlng=pt.

Beauvoir, S. (1970). *La vejez*. Buenos Aires: Sudamericana.

Carvalho, S. B. de. O. (2008). *Hospital geral: Dos impasses às demandas ao saber psicanalítico: Como opera o psicanalista? Articulação teórica a partir da experiência da Clínica de Psicologia e Psicanálise do Hospital Mater Dei* (Dissertação de Mestrado). Recuperado em 24 de outubro de 2015, de http://www.bibliotecadigital.ufmg.br/dspace/bitstream/handle/1843/TMCB-7X8NGS/disserta__o_formatada_5__1_.pdf?sequence=1

Conselho Federal de Psicologia. Res. 013 (2007). Recuperado em 24 de outubro de 2015, de http://site.cfp.org.br/wp-content/uploads/2008/08/Resolucao_CFP_nx_013-2007.pdf

Freud, S. (1996). Sobre a psicoterapia. In S. Freud. *Edição standard brasileira das obras psicológicas completas de Sigmund Freud* (Vol. 7, pp. 241-254). Rio de Janeiro: Imago.

Fundo de População das Nações Unidas (2012). *Envelhecimento no século XXI: Celebração e desafios* [Resumo Executivo]. Nova York: UNFPA. Recuperado em 24 de outubro de 2015, de http://www.unfpa.org.br/novo/index.php/biblioteca/publicacoes/populacao/633-envelhecimento-no-seculo-xxi-celebracao-e-desafio

Genaro, F., Jr. (2013). *Clínica do envelhecimento: O processo de implantação de um serviço de psicologia clínica no SUS* (Tese de Doutorado). Recuperado em 24 de outubro de 2015, de http://www.teses.usp.br/teses/disponiveis/47/47133/tde-22052013-152831/

Genaro, F., Jr. (2014). Aspectos fundantes na clínica do envelhecimento: O ambiente, o cuidado e o *telos*. *Psicologia Revista, 23*(1), 51-74. Recuperado em 24 de outubro de 2015, de http://revistas.pucsp.br/index.php/psicorevista/article/view/20214/15035

Gomes, D. R. G., & Próchno, C. C. S. C. (2015). O corpo-doente, o hospital e a psicanálise: Desdobramentos contemporâneos? *Saúde e Sociedade, 24*(3), 780-791. doi: 10.1590/S0104-12902015134338

Hollender, M. H. (1952). Individualizing the aged. *Sot Casework, 33*, 337-342.

Instituto Brasileiro de Geografia e Estatística (2016). *Relações entre as alterações históricas na dinâmica demográfica brasileira e os impactos decorrentes do processo de envelhecimento da população.* Rio de Janeiro: IBGE. Recuperado em 14 de maio de 2018, de https://biblioteca.ibge.gov.br/visualizacao/livros/liv98579.pdf

Instituto Brasileiro de Geografia e Estatística (2013). *Projeção da população do Brasil por sexo e idade 2000-2060.* Rio de Janeiro: IBGE. Recuperado em 14 de maio de 2018, de https://biblioteca.ibge.gov.br/visualizacao/livros/liv98579.pdf

Kamkhagi, D. O. (2007). *Envelhecimento como metáfora da morte: A clínica do envelhecer* (Tese de Doutorado). Recuperado em 24 de outubro de 2015, de http://www.sapientia.pucsp.br//tde_busca/arquivo.php?codArquivo=5485

Lima, T. C. S. de, & Mioto, R. C. T. (2007). Procedimentos metodológicos na construção do conhecimento científico: A pesquisa bibliográfica [Número especial]. *Rev. Katálysis, 10*, 37-45. Recuperado em 24 de outubro de 2015, de http://www.scielo.br/pdf/rk/v10nspe/a0410spe.pdf

Machado, M. do V. (2011). *O lugar do psicanalista nos hospitais gerais: Entre os dispositivos clínicos e os dispositivos institucionais* (Dissertação de Mestrado). Recuperado a partir de http://repositorio.unb.br/bitstream/10482/10196/1/2011_MailadoValMachado.pdf

Martins, M. S. (2011). *O trabalho do psicólogo na clínica de geriatria: Relato de experiência em saúde e desenvolvimento humano* (Dissertação de Mestrado). Recuperado em 24 de outubro de 2015, de http://www.teses.usp.br/teses/disponiveis/47/47131/tde-19072011-091146/pt-br.php

Moraes, E. N. (2008). *Princípios básicos de geriatria e gerontologia*. Belo Horizonte: Coopmed.

Oliveira, W. L., & Rodrigues, A. L. (2014). Sobre a prática psicanalítica em enfermarias hospitalares. *Estudos de Psicanálise, 41*, 157-166. Recuperado em 24 de outubro de 2015, de http://www.cbp-rj.org.br/n41a16.pdf

Plotkin, D. A. (2014). Older adults and psychoanalytic treatment: It's about time. *Psychodynamic Psychiatry*, *42*(1), 23-50. doi: 10.1521/pdps.2014.42.1.23

Plotkin, F. (2000). Treatment of the older adult: The impact on the psychoanalyst. *J. Am. Psychoanal. Assoc.*, *48*(4), 1591-1616. doi: 10.1177/00030651000480042001

Quinodoz, D. (2009). Growing old: A psychoanalyst's point of view. *The International Journal of Psychoanalysis*, *90*, 773-793. doi: 10.1111/j.1745-8315.2009.00166.x

Reis Filho, J. T. dos, & Santos, G. C. de (2007). O desafio da clínica psicanalítica com idosos. *Psicologia Clínica, 19*(2), 45-55. Recuperado em 24 de outubro de 2015, de http://www.redalyc.org/articulo.oa?id=291022013004

Simonetti, A. (2011). *Manual de psicologia hospitalar: O mapa da doença* (6. ed.). São Paulo: Casa do Psicólogo.

Torezan, Z. C. F., & Rosa, A. da C. (2003). Escuta analítica no hospital geral: Implicações com o desejo do analista. *Psicologia: Ciência e Profissão*, *23*(2), 84-91. Recuperado em 24 de outubro de 2015, de http://www.scielo.br/scielo.php?script=sci_arttext&pid=S1414-98932003000200012&lng=pt&tlng=en. 10.1590/S1414-98932003000200012

Valenstein, A. F. (2000). The older patient in psychoanalysis. *J. Am. Psychoanal. Assoc.*, *48*(4), 1563-1589. doi:10.1177/00030651000480042601

Winnicott, D. W. (1990). *Natureza humana*. Rio de Janeiro: Imago. (Trabalho original publicado em 1988)

Winnicott, D. W. (1993). A agressividade em relação ao desenvolvimento emocional. In D. W. Winnicott. *Textos selecionados: Da pediatria à psicanálise* (pp. 288-304). Rio de Janeiro: Francisco Alves. (Trabalho original publicado entre 1950 e 1955)

A ESCUTA DIFERENCIADA NOS CUIDADOS PALIATIVOS COM IDOSOS: UM RELATO DE EXPERIÊNCIA

Ênia Campos Miranda
Orestes Diniz Neto

INTRODUÇÃO

O envelhecimento demográfico é um fenômeno mundial caracterizado pelo declínio da mortalidade infantil, pela redução da taxa de mortalidade de adultos por causas infecciosas e pela queda da taxa de natalidade. No Brasil, conforme dados do Instituto Brasileiro de Geografia e Estatística (IBGE, 2017), o percentual dos idosos do país passou de 12,8% para 14,4% entre 2012 e 2016, havendo um crescimento de 16,0% na população com essa faixa etária, passando de 25,5 milhões para 29,6 milhões. Ainda de acordo com o IBGE (2017), a expectativa de vida do brasileiro ao nascer passou de 75,5 em 2015 para 75,8 anos em 2016.

Mesmo que o aumento da população idosa e o aumento da expectativa de vida indiquem progresso social, sua ocorrência faz surgir novas demandas e novos problemas em países com forte desigualdade social (Neri, 2006). Apesar dos avanços na legislação para atender às demandas dos idosos, como, por exemplo, a aprovação do Estatuto do Idoso (Brasil, 2003), seus direitos e necessidades ainda não são plenamente atendidos. Segundo Neri (2006), em relação à saúde do idoso, o Sistema Único de Saúde ainda não está preparado para assistir adequadamente essa população. Com o aumento da longevidade, as doenças crônicas não transmissíveis – principalmente as doenças cardiovasculares, as doenças respiratórias crônicas, o diabetes, o câncer e as doenças neuropsiquiátricas – são as que prevalecem nessa população, sendo responsáveis por mais de 70% das causas de morte de idosos no país (IBGE, 2014). O envelhecimento populacional, somado ao predomínio de doenças crônico-degenerativas de evolução lenta e ao aumento dos casos de câncer e de infecções pelo vírus da imunodeficiência humana (HIV), pode gerar comprometimento funcional e dependência nos idosos. Esta situação, combinada com as transformações sociais de nossa época, com mais pessoas morando sozinhas, de modo individualista, hedonista e com ausência de espiritualidade, pode fazer com que a presença de uma doença ameaçadora da vida resulte em uma morte lenta e sofrida para o idoso (Melo, 2014).

São, portanto, vários os aspectos envolvidos em uma situação potencialmente terminal, tornando importante o trabalho de uma equipe de cuidados paliativos multiprofissional, que oferecerá assistência aos pacientes e seus familiares. Para o Instituto Nacional do Câncer (INCA, 2012), embora seja clara a importância desta forma de intervenção, é incipiente no Brasil o ensino sobre estes cuidados, bem como as pesquisas relacionadas ao tema.

De acordo com a Organização Mundial da Saúde (OMS, 2018), o cuidado paliativo é definido como uma abordagem que tem como objetivo promover a melhoria da qualidade de vida de pacientes e familiares, que enfrentam uma doença ameaçadora à vida, por meio da prevenção e/ou alívio do sofrimento a partir da identificação precoce, avaliação e tratamento da dor e outros problemas de natureza física, psicossocial e espiritual. O aumento da longevidade da população e o aumento da incidência das doenças crônico-degenerativas têm produzido, como consequência, o aumento da demanda de atendimentos a pacientes em cuidados paliativos que se encontram em considerável sofrimento psíquico (Melo & Souza, 2015). Os resultados de um trabalho pioneiro realizado por Othero, Ribeiro e Parsons (2015) sobre as características dos serviços brasileiros de cuidados paliativos mostraram que 46% destes serviços caracterizam-se pelo modelo de atendimento centralizado no hospital, sendo a maioria dos pacientes adultos e idosos com diagnóstico oncológico.

Neste contexto, este estudo parte da experiência da autora como psicóloga residente multiprofissional com atuação em saúde do idoso durante o estágio na Equipe de Cuidados Paliativos em um hospital universitário no período de março de 2016 a dezembro de 2017 e que, após este período, mesmo estagiando em outros cenários, pôde dar suporte psicológico a pacientes em cuidados paliativos até o término da residência. No decorrer de suas atividades, a pesquisadora viu-se convocada a refletir sobre a importância do psicólogo para os idosos em cuidados paliativos, além de se indagar sobre a aplicabilidade e efeitos terapêuticos de intervenções psicanalíticas de orientação lacaniana nesses pacientes. A clínica lacaniana é pouco explorada no campo do idoso e menos explorada ainda no campo de idosos em cuidados paliativos. No entanto, possibilita a atuação de forma produtiva em situações tão distantes da clínica tradicional, fornecendo instrumental teórico e técnico que propicia a realização de intervenções que levam a uma redução avaliada clinicamente do sofrimento dos pacientes atendidos.

O psicólogo, nesta linha de cuidados, tem como objetivo a subjetividade do paciente, visando trabalhar os aspectos relacionados ao sofrimento psíquico e à ressignificação da experiência do adoecer e morrer de cada um (Simonetti, 2011). O adoecimento psíquico acontece quando o sujeito esbarra em um real patológico – a doença – presente em seu corpo, fazendo surgir inúmeros aspectos psicológicos que se evidenciam no paciente, nos familiares ou na equipe de profissionais. Simonetti (2011) ressalta que o objeto da psicologia hospitalar não trata apenas das doenças com causas psíquicas, mas dos aspectos psicológicos de todo adoecer e em especial na situação de hospitalização.

O sujeito hospitalizado traz consigo características derivadas de seu contexto histórico, socioeconômico e cultural. E pode perder, além da saúde, conteúdos de seu mundo interno, inclusive a identidade, como, por exemplo, em uma amputação ou adoecimento crônico que modificará o curso de sua trajetória existencial. Na iminência dessas perdas, é frequente que angústias, medos, raiva e revolta se potencializem nos doentes, familiares e também no profissional de saúde. Em casos clínicos complexos ou de internação, pode tornar-se evidente a existência de feridas narcísicas, angústia de castração, desamparo e distanciamento da família, que demandam o suporte psicológico (Oliveira & Rodrigues, 2014). Referindo-se especificamente à atuação do psicólogo hospitalar com formação psicanalítica, pode-se afirmar, como Barra (2013), que a psicanálise na instituição de saúde se constitui como um discurso sustentado por um laço específico com o Outro pelo fato de considerar o gozo e o real que ali se manifestam. O termo "Outro", assim grafado por Lacan (1966/1998), designa o lugar simbólico, seja o significante, a lei, a linguagem ou o inconsciente, que determina o sujeito externamente ou intrassubjetivamente em sua relação com o desejo (Roudinesco & Plon, 1998). No ambiente hospitalar, este Outro pode se apresentar, por exemplo, pela própria estrutura física do hospital, pelo corpo adoecido, pelo medo da morte, pelas intervenções realizadas, pelo discurso médico e pela mudança da rotina pessoal pela rotina hospitalar. Em seu ensino, Lacan (1958) avançou no conceito freudiano de "inconsciente", embasando-se inicialmente no estruturalismo que surge a partir da linguística de Saussure, tendo postulado que o inconsciente se estrutura como uma linguagem e que esta é a sua condição. A teoria da primazia da linguagem ou do significante advém do fato de que o indivíduo se institui como sujeito pela linguagem (Roudinesco & Plon, 1998).

Este estudo também se norteia pela tópica lacaniana do real, simbólico e imaginário, pelos conceitos de "tempo lógico", "transferência", "urgência subjetiva", e pela teoria dos ciclos desenvolvida por *Jacques-Alain Miller* (2008). Deste modo, por meio da escuta diferenciada – entendida como a ferramenta pela qual se deve buscar a verdade singular do paciente, que somente emergirá nas entrelinhas de seu discurso, através dos tropeços de sua fala, revelando-se a partir das formações do inconsciente –, o analista oferece ao sujeito adoentado a possibilidade de falar de si, de seus sentimentos, desejos e do que quiser falar (Silva, 2007). Ainda sobre a escuta diferenciada, ou escuta analítica, Simonetti (2011), afirma que é uma técnica que engloba "as intervenções básicas da psicologia clínica como a escuta, associação livre, interpretação, análise da transferência" (p. 25) realizadas no ambiente hospitalar. O mesmo autor enfatiza que a psicologia hospitalar não estabelece uma meta a ser alcançada pelo paciente, mas busca acionar a elaboração simbólica do adoecimento. O propósito da psicologia hospitalar é auxiliar o paciente a atravessar a experiência do adoecer, mas sem saber onde culminará essa travessia, uma vez que o "destino do sintoma e do adoecimento depende de muitas variáveis, do real biológico; das circunstâncias. O psicólogo hospitalar participa dessa travessia como ouvinte privilegiado, não como guia" (Simonetti, 2011, p. 20).

Assim, diante do que se apresenta psiquicamente como insuportável, traumático e sofrido aos sujeitos acometidos por uma doença grave, para a qual a medicina oferece poucas alternativas, abre-se espaço para o trabalho do psicólogo. Este pode atuar e trazer suas contribuições a partir de sua clínica, além de possibilitar uma prática integral das ações em saúde, com ênfase na dignidade humana diante da morte, além de uma humanização maior dos cuidados aos pacientes em tratamento paliativo (Ferreira, Lopes & Melo, 2011; Porto & Lustosa, 2010). Entretanto, considerando o escasso material disponível sobre a atuação psicanalítica de orientação lacaniana com idosos em cuidados paliativos, pretende-se, com este estudo, explorar algumas implicações da teoria e técnica como experimentadas na situação clínica da residência multiprofissional. Portanto, este trabalho pretende contribuir para a reflexão sistemática sobre o material produzido neste período e apontar a importância do desenvolvimento de novas pesquisas.

METODOLOGIA

Este trabalho é um relato de experiência da pesquisadora durante seu estágio na equipe de cuidados paliativos de um hospital universitário, durante o período de março de 2016 a fevereiro de 2017, que consistiu na assistência psicológica aos pacientes idosos em cuidados paliativos internados e a seus familiares, sob a orientação da teoria lacaniana. Foram utilizados os registros dos atendimentos realizados pela residente como exemplos para a reflexão da *práxis*, relatados como vinhetas das situações terapêuticas. Para construção da grade de reflexão teórica, foram utilizados autores psicanalíticos clássicos, como Freud e Lacan, e autores contemporâneos como Jacques-Alain Miller e Christian Dunker, além de autores da psicologia hospitalar.

O levantamento bibliográfico que orientou este estudo se deu inicialmente a partir da escolha intencional de livros que tratam da temática da psicanálise lacaniana com idosos. A pesquisa bibliográfica ocorreu em agosto de 2017. Buscou-se, primeiramente, a terminologia específica, através dos Descritores em Ciências da Saúde (DeCS), dos quais foram extraídos os (seguintes descritores) relacionados ao assunto pesquisado: "cuidados paliativos", "cuidados paliativos na terminalidade da vida", "psicanálise", "terapia psicanalítica" e "teoria psicanalítica". Para elaboração da estratégia de busca, os descritores foram agrupados em dois conjuntos: no primeiro, houve a união dos termos relacionados aos cuidados paliativos através do operador booleano OR; no segundo, a busca ocorreu com os termos relacionados à psicanálise. Para relacionar os descritores dos dois conjuntos, utilizou-se o operador AND. Através da Biblioteca Virtual em Saúde (BVS), realizou-se a busca nas seguintes bases de dados: Literatura Latino-Americana de Ciências da Saúde da América Latina e do Caribe (Lilacs), *Medical Literature Analysis and Retrieval System Online* (Medline) e no Index Psicologia. Na primeira base, foram recuperados 3 artigos, na segunda, 10, e na terceira, 2. Em termos dos idiomas, 10 foram publicados no inglês e 5 em português. Para refinar os resultados, utilizou-se como limite: publicações em formato de artigo, teses e dissertações completas. É oportuno destacar que, em razão da quantidade restrita de resultados encontrados nas bases de dados indicadas anteriormente, optou-se em refazer a busca no Google Acadêmico com outras palavras-chave.

Na pesquisa realizada no Google Acadêmico foram encontrados 888.000 trabalhos no idioma inglês, sem limite de data, com a palavra-chave "*palliative care*", sem incluir patentes e citações. Com as palavras-chave "*palliative care*" e "*psichoanalysis*", foram encontrados 11.600 trabalhos. Acrescentando-se a palavra-chave "*agery*" à pesquisa, foram encontrados 4.410 artigos. Usando-se os termos "*palliative care*", "*psichoanalysis*", "Lacan" e "*aging*" como palavras-chave, constaram 233 artigos. Com os termos "*palliative care*", "*psichoanalysis*", "Lacan", "*aging*" e "*hospital*" como palavras-chave, constaram 138 artigos

A busca em português com a palavra-chave "cuidados paliativos" apresentou 24.900 trabalhos publicados. Com as palavras-chave "cuidados paliativos" e "psicanálise" foram encontrados 3.220 artigos. Pesquisando-se com as palavras-chave "cuidados paliativos", "programa multiprofissional", "idoso" e "psicanálise", foram obtidos 828 artigos. Refinando-se a busca com as palavras-chave "cuidados paliativos", "programa multiprofissional", "psicanálise", "Lacan" e "idoso", foram apresentados 93 artigos. E com as palavras-chave "cuidados paliativos", "programa multiprofissional", "psicanálise", "Lacan", "idoso" e "hospital", foram apresentados 78 artigos. Após a busca, realizou-se uma leitura transversal, selecionando-se os trabalhos intencionalmente pela sua relevância para o estudo. Deu-se relevância à literatura brasileira, considerando a produção única sobre psicologia hospitalar. Os temas proeminentes da obra lacaniana como: sujeito do inconsciente, tempo lógico, transferência e teoria dos discursos foram revisados em sua importância e significado para a prática clínica psicanalítica nos cuidados paliativos e por oferecer uma grade conceitual para interpretação da *práxis*.

A prática clínica que embasa este trabalho se deu a partir dos encaminhamentos dos membros da equipe de cuidados paliativos do hospital universitário para o serviço de psicologia da equipe. Os pedidos chegavam por meio de solicitação de interconsulta, por mensagens eletrônicas ou pelo contato direto entre os membros da equipe.

Este estudo será apresentado com o recurso de vinhetas clínicas dos casos atendidos, que ilustrarão uma aplicação de conceitos da análise lacaniana nos cuidados paliativos. De acordo com Safra (2001), as vinhetas clínicas são uma descrição sucinta e condensada dos aspectos mais essenciais dos casos clínicos acompanhados. Para preservar a identidade dos pacientes que receberam acompanhamento psicológico, os dados que possibilitariam identificação foram omitidos. A ênfase nas descrições foi dada ao acesso à realidade psíquica do paciente e às repercussões da técnica psicanalítica na condução dos casos. Os atendimentos foram registrados a partir da escuta clínica, descritos e, posteriormente, interpretados com base na teoria psicanalítica lacaniana.

DA TEMPORALIDADE À ATEMPORALIDADE DO SUJEITO IDOSO

A literatura psicanalítica ainda é escassa no que se refere ao trabalho analítico com idosos em cuidados paliativos, como mostra a pesquisa bibliográfica realizada para este trabalho. Parte dessa escassez pode ser atribuída a Freud (1898/1996) por ter contraindicado a análise para idosos. Entretanto, como afirma Mucida (2006) em seu trabalho intitulado *O sujeito não envelhece: psicanálise e velhice*, Freud teve o cuidado para contextualizar sua contraindicação, referindo-se àquele momento em sua prática clínica e ao desenvolvimento de seu método até então. A autora argumenta que, ao longo de sua obra, Freud desejou que a psicanálise desenvolvesse sua prática nos serviços públicos e que a técnica desenvolvida por ele até aquele momento deveria ultrapassar seus limites, adaptando e inovando as formas de condução do tratamento (Mucida, 2006).

À época de Freud, a velhice não era questão devido à expectativa de vida baixa, o que se mostra diferente nos dias atuais, haja vista os dados estatísticos que constatam uma transição demográfica ocorrida no Brasil e no mundo, evidenciando o aumento da expectativa de vida e do envelhecimento populacional (Mucida, 2006). A autora acrescenta que, para além do aumento da idade cronológica, a indicação para a análise baseia-se na resposta do sujeito diante da falta do Outro, na existência de sofrimento diante do Real e, principalmente, se existem sintomas analisáveis.

Mucida (2006) considera que o aumento da longevidade faz com que haja implicações no conceito de velhice, inscrevendo efeitos sobre os sujeitos, uma vez que a velhice também é um efeito do discurso característico de cada época. Esta autora, embasada nas teorias de Freud e Lacan, discute e defende a aplicabilidade do tratamento analítico para idosos a partir de alguns índices gerais, sendo eles: 1) no contexto de análise, o sujeito que existe é o sujeito do inconsciente e este não envelhece; 2) na realidade psíquica não há diferenciação entre um fato passado e um atual, sendo o sintoma a manifestação da atualidade do passado; 3) o essencial na direção do tratamento é o diagnóstico, e não a idade, o qual é realizado sob transferência, no caso a caso da clínica; 4) o que se considera relevante para a indicação de um tratamento analítico é o lugar em que o sujeito se coloca diante da falta do outro e sua relação com o desejo, que não é determinado pela idade cronológica nem pela quantidade de material psíquico; 5) o conceito de "pulsão" é contrário à noção desenvolvimentista, pois esta é sempre parcial e a sexualidade adulta é a sexualidade infantil.

Em concordância com Azevedo e Calazans (2016) e com Barreto (2004), Mucida (2006) afirma que sua atuação clínica é realizada considerando-se o tempo lógico:

> Um tempo que passa (passado que dirige ao passado enquanto tal ou ao futuro, tempo com duas direções), um tempo que retroage (a posteriori) e um tempo que faz corte nos dois, o tempo lógico, permitindo reinscrevê-los). O tempo lógico faz corte entre o dito e o dizer, entre aquilo que se diz e aquilo que se ouve por detrás do dito. (p. 49).

A autora destaca a atemporalidade do inconsciente, mas ressalta os efeitos sobre o eu, sobre o corpo e sobre os laços sociais decorrentes das modificações e perdas mais contundentes e marcantes devido à idade. Assim, para além da afirmação do uso do dispositivo analítico para a terceira idade, coloca-se a questão sobre seu lugar nos cuidados paliativos com idoso.

OLHAR NA CENA

Neste hospital universitário, o trabalho com cuidados paliativos iniciou-se em 2010 com o objetivo de dar suporte às diversas clínicas, especialmente na comunicação de más notícias, controle de sintomas, plano de cuidados e auxílio para alta, auxílio para definição de nível de suporte de vida e suporte para familiares, inclusive no luto. Conta atualmente com uma equipe multiprofissional composta por 3 geriatras, 1 pediatra, 1 enfermeira, 1 psicóloga, uma acupunturista e 2 farmacêuticas, além de aproximadamente 12 residentes participantes do programa de treinamento na área (ANCP, 2017).

Dadas as particularidades e o profundo aprendizado adquirido na prática clínica com os pacientes em cuidados paliativos, a pesquisadora escolheu relatar sua experiência com foco na assistência a esses pacientes. As atividades desenvolvidas consistiram em ofertar suporte psicológico a eles e a seus acompanhantes e familiares, assim como aos profissionais envolvidos, mediante demanda. Um estudo realizado por Eduardo e Mendoza (2017) sobre o perfil sociodemográfico e clínico dos pacientes idosos atendidos pela equipe de cuidados paliativos deste hospital universitário apontou que 52% dos pacientes pertenciam ao sexo feminino, 51% eram casados, a faixa etária variava entre 60 e 90 anos com média de 70 anos e desvio padrão de 7 anos. Em relação à escolaridade, 60% deles declararam ter o ensino fundamental incompleto. 90% informaram ser aposentados e ter renda entre 1 e 3 salários mínimos. A maior parte, 33%, declarou morar com o cônjuge, seguido de

26% com vários vínculos; 67% declarou ter crença religiosa católica; 62% tinham procedência de Belo Horizonte. No que se refere ao diagnóstico principal, 67% tinham neoplasias.

Os atendimentos aconteceram nos setores do pronto-socorro, centro de tratamento intensivo e enfermarias de adulto. Estes eram realizados a partir de pedidos de interconsultas direcionadas ao Serviço de Psicologia pelos profissionais da equipe que, ao identificarem a necessidade de avaliação e/ou acompanhamento psicológico, encaminhavam os pacientes. Depois de encaminhados, cabia ao próprio profissional de Psicologia discutir com a equipe os motivos do encaminhamento e todo o processo decorrente da demanda identificada. Em sua maioria, as demandas tratavam de sintomas de ansiedade, depressão, angústia e dificuldades no enfrentamento da doença mediante a perspectiva de morte.

Também fizeram parte das atividades desenvolvidas as supervisões dos casos com a preceptora de referência e participação de reuniões clínicas, técnicas/teóricas junto aos membros da equipe e também com os demais residentes multiprofissionais especializandos em Saúde do Idoso. Nas reuniões clínicas, os casos dos pacientes eram discutidos um a um, objetivando um tratamento que atendesse, sempre que possível, às prioridades apontadas pelos próprios pacientes, de modo integral, com a participação de todos da equipe.

REFLEXÕES SOBRE LACAN E O SOFRIMENTO

A perspectiva lacaniana, embora constituída no ambiente de prática de consultório, revela uma potencialidade interpretativa que vai além dos limites tradicionais. Lacan (1958/1998), revisitando as contribuições freudianas, realiza uma nova leitura e formaliza novos conceitos. Entre estes, destacamos pontos seminais para a aproximação do sujeito em sofrimento.

AS URGÊNCIAS PSICOLÓGICAS E O TEMPO LÓGICO

No espaço hospitalar que, *a priori*, é onde se trata o corpo biológico, corpo apreendido pelo discurso da ciência e capturado pelos significantes da linguagem médica, o que norteia os procedimentos é a urgência da medicina. A crise que faz surgir essa urgência pode ser entendida como uma ruptura do equilíbrio homeostático ou da integridade física do organismo, cujas ameaças podem levar rapidamente à invalidez ou à morte (Barreto, 2004).

Nos momentos de crise, como esclarecem Azevedo e Calazans (2016), para além de um organismo a ser tratado existe um sujeito que tentará interpretar o mal-estar orgânico no campo do subjetivo. Esclarecem que na urgência médica existe a pressa da equipe médica em tratar o organismo em um tempo curto com o objetivo de seu melhor restabelecimento. Já a temporalidade do sujeito introduz outra urgência, outro tempo que, sob o viés da psicanálise, pode ser denominado urgência subjetiva (Azevedo e Calazans, 2016).

Nas palavras de Barreto (2004), a crise, sob a perspectiva psicanalítica, indica uma ruptura na cadeia significante. Sob esse viés, a urgência subjetiva poderia ser entendida como um furo no discurso que até então ordenava o sentido da vida do sujeito em crise (Belaga, 2008). Na crise, prevalece a presença do que não é dito, uma vez que algo do dizer está desarticulado, assim, onde se deveriam articular significantes e significados, surgem silêncio, choros ou gritos. Este sofrimento pode, segundo Barreto (2004), levar o sujeito a passagens ao ato suicida ou homicida devido à impossibilidade de se situar no registro da palavra.

O trabalho de Azevedo e Calazans (2016) no Centro de Terapia Intensiva do Hospital São João de Deus, em Divinópolis, MG, evidenciou que os sujeitos, sejam eles pacientes ou familiares, apresentaram agitações psicomotoras, delírios, alucinações, *acting outs* e passagens ao ato como forma de responder à angústia. Estes achados são corroborados por Barreto (2004). A angústia é um afeto definido por Lacan (1962-1963/2005) como "a marca de que a simbolização não pode se fazer e se simbolizar" (p. 295) – diante da urgência do caso e ligação com a morte. Pode-se acrescentar que, não somente os pacientes e familiares, mas também os acompanhantes, a equipe assistente, a equipe de enfermagem e outros funcionários da instituição, podem se mostrar angustiados diante da repercussão de determinados casos. Mediante a angústia nestes momentos, o paciente precisa de um tempo diferente do tempo da urgência médica. Esse tempo requer a construção da demanda que, muitas vezes não acontece de imediato, dadas as circunstâncias em que o sujeito se encontra.

> Na urgência médica, a demanda se relaciona à necessidade de um homem que sofre por sua ferida. O médico corre até seu paciente e o ideal, quando se considera o tempo, é que não haja intervalo entre chamado e resposta. Na urgência subjetiva, o analista espera que o paciente venha ou que seja trazido. Existe o sofrimento de um homem ferido em sua necessidade por sua linguagem, mas a demanda de tratamento nem sempre está presente no início; com frequência, é preciso ser ofertada e construída. Ou seja: passar da urgência segundo o Outro à urgência do sujeito (Barreto, 2004. p. 47).

A urgência subjetiva pode surgir devido às especificidades e vicissitudes do tratamento, tais como: dor, mutilações e também de alterações da imagem corporal que ultrapassam o tratamento orgânico e são singulares em cada sujeito. Isto resulta na perda do investimento nas fantasias do devir egoico, que se torna um outro que não pode mais ser de imediato reconhecido como si mesmo pelo próprio sujeito, como por exemplo, um indivíduo que tem um tumor de face, e não se reconhece na desfiguração (Melo & Souza, 2015). Estas mesmas autoras observaram em sua prática clínica que a angústia pode surgir no sujeito desde o momento em que há o encontro com o diagnóstico, podendo ser este o seu único afeto após a ocorrência de uma ruptura em sua vida diante deste acontecimento. (Melo e Souza, 2015).

Assim, nas situações de urgência nas instituições hospitalares podem ser verificados dois tempos: de um lado o tempo da instituição que exige pressa em responder as demandas do corpo biológico, e do outro lado, o tempo psicanalítico que considera a rapidez e também a pausa. Para psicanálise importa o tempo subjetivo que visa o advento do sujeito que, diante da urgência médica e paralisação pela ruptura no campo simbólico, encontra-se em lugar de objeto (Azevedo & Calazans, 2016; Barreto, 2004).

Portanto, a partir da visão clínica psicanalítica lacaniana, o tratamento psíquico é direcionado pelo tempo lógico – tempo que vai além da dimensão cronológica, que possibilita o aparecimento do sujeito e a invenção de uma saída – que pressupõe a temporalidade do sujeito inconsciente. No tempo lógico podem ser especificados em três momentos: o instante de ver, o tempo de compreender e o tempo de concluir (Azevedo & Calazans, 2016; Lacan, 1953/1998).

VIVENDO OS TEMPOS

Lacan (1974) ensina que a cura é uma demanda que vem da voz daquele que sofre, seja de seu corpo ou de seu pensamento. Tomando como princípio essa assertiva, Rosa (2007) afirma que desde o acolhimento do sujeito que sofre, a psicanálise pode ser apresentada como uma terapêutica, como um tratamento. Contudo, a autora ressalta que para que o tratamento aconteça é necessário que tenha havido a demanda por parte daquele que sofre. Portanto quando a queixa do sintoma se torna uma questão para o sujeito, cria-se uma perspectiva de que há respostas a serem encontradas e, desse modo, a transferência pode fazer com que surjam interpretações ao enigma do sintoma. Nesse sentido, pode-se dizer que se a presença do sofrimento suscita a busca pelo tratamento e por respostas acerca do sintoma, o efeito terapêutico da psicanálise consiste em resolver aquilo que se apresenta como insuportável para o sujeito (Rosa, 2007; Soler, 1993).

Em relação à temporalidade dos efeitos terapêuticos designados como rápidos, Rosa (2007) considera que a aplicação da psicanálise pode durar um encontro, 20 entrevistas ou sessões, podendo ocorrer em um *setting* convencional, em um Centro de Saúde ou hospital, sem que haja mudanças na essência psicanalítica que é a crença no inconsciente, no bem-dizer, no trabalho sob transferência e a constatação da repetição pulsional. Entretanto, a autora destaca que há diferenças na finalidade destes tipos de tratamento: "A psicanálise aplicada é um ato que trata o sintoma e que pode produzir efeitos terapêuticos rápidos; a 'psicanálise pura' concerne à produção e formação do analista e a questões doutrinais. Embora usados em cada caso com uma finalidade diferente, os fundamentos são os mesmos." (Rosa, 2007, p. 2).

A esse respeito, Miller (2008) considera, com Lacan, que o tratamento analítico pode ser terminável, mesmo que a experiência dure apenas um ciclo, um giro no discurso. O autor argumenta que sempre é possível refazer o percurso, mas salienta que cada ciclo da experiência tem sua completude: "a análise é de tal forma terminável que ela termina muitas vezes [...]. Isso quer dizer que ela obriga um recomeço" (Miller, 2008. p. 60). A essa afirmativa soma-se o pensamento de Rosa (2007) que, embasada na teoria lacaniana, explica que "cada giro é completo na medida em que traz em si a lógica do percurso" (p. 1).

Sobre esses aspectos, considera-se importante mencionar que para o tratamento analítico ter efeitos, é necessário que o sujeito passe pela fase de retificação subjetiva, momento em que ele se pergunta qual a sua participação em sua queixa, ou seja, qual a sua relação com seu sintoma. É a partir desta fase, quando o sujeito consegue se responsabilizar por aquilo de que se queixa, é que o tratamento pode acontecer (Lacan, 1966).

A seguir será apresentado o primeiro fragmento clínico utilizado para ilustrar o estudo. Trata-se de uma paciente de 50 anos, que será denominada por R. para manter o sigilo ético. Embora a paciente não tenha atingido os sessenta anos, optou-se em utilizar fragmentos de seu caso pela clareza na obtenção dos resultados em relação à temática em questão. Salienta-se que, apesar de 50 anos sob o ponto de vista cronológico, R. apresentou sintomas e sofrimentos característico do limiar da terceira idade, principalmente no que se refere à perda da funcionalidade. A paciente estava internada para tratamento de câncer de pulmão em estágio avançado e ficou em extremo sofrimento psíquico após receber a notícia pelos médicos da Equipe de Cuidados Paliativos de que sua doença não teria mais tratamento curativo. Diante de sua angústia e urgência subjetiva, a paciente endereçou à psicóloga residente suas questões diante do que lhe era insuportável. A intervenção da residente foi legitimar o sofrimento de R. e reafirmar que estava lá para ouvi-la naquilo que ela quisesse me dizer. De acordo com Dunker (2015) o sofrimento tem estrutura de narrativa e, em muitos casos, sofre-se mais devido ao fato de não se conseguir narrar o mal-estar ou de integrar narrativamente o sintoma. Coloca que outro traço da noção de sofrimento é que ele depende de atos de reconhecimento social. Quando o sofrimento é reconhecido como legítimo, ele é experimentado ontologicamente de forma diferente daquele sujeito que tem seu sofrimento considerado ilegítimo (Dunker, 2015). Em seu discurso, faltaram à paciente palavras que expressassem seu encontro com o que lhe era insuportável. Ela dizia de uma dor que não conseguia adjetivar, ao que psicóloga nomeou-lhe como "uma dor na alma". A intervenção consistiu em colocar uma borda pela via do simbólico a este encontro com o real que angustiava a paciente. Ao ouvir a nomeação do que lhe era insuportável, para o qual lhe faltavam palavras para expressar, a paciente, demonstrando surpresa, repetiu: "É isso! É uma dor na alma!". Barreto (2004) afirma que: "Para a psicanálise, mais do que experiência, importa a abertura à surpresa, e mais do que saber importa a abertura ao sem sentido" (p. 2). Esclarece que, sob o viés da psicanálise, o tratamento da urgência deve se seguir com a construção do caso clínico que permite abrir vias para o desejo na neurose e a estabilização na psicose.

Alguns dias depois, uma das médicas da equipe que acompanhava R. declarou que a paciente assim se referiu ao seu sofrimento psíquico: "Doutora, sabe aquele machucado na alma? Cicatrizou!". Essa frase proferida por R. indicou um apaziguamento de sua dor e uma reestruturação da cadeia significante, antes rompida diante da situação traumática.

Utilizando-se deste mesmo fragmento de caso, podemos identificar, em uma única sessão de atendimento, os efeitos terapêuticos rápidos a partir do tempo lógico.

Primeiro tempo, o instante de ver: ao ser chamada para realizar atendimento à paciente, a psicóloga procurou observar a cena e perceber o que estava acontecendo com ela. E verificou que faltavam palavras para a paciente que simbolizassem sua dor. R., por sua vez, diante das apresentações da psicóloga e manejo no acolhimento ao dizer que estava ali para ouvi-la no que ela tinha para dizer, endereça-lhe uma questão sobre sua dor inexplicável.

Segundo tempo, o tempo para compreender: para a psicóloga este tempo significou compreender a dor psíquica da paciente gerada por seu encontro com o real diante da iminência da morte. Ao identificar o que causava a angústia de R., coube à psicóloga intervir colocando uma borda frente ao real traumático para a paciente, por meio da nomeação de sua dor, como uma dor na alma. Para R., este tempo pôde ser identificado entre a intervenção da psicóloga e seu encontro com uma das médicas da equipe de cuidados paliativos que lhe assistia. Tempo este em que pôde representar a sua dor por meio do significante alma e se reorganizar psiquicamente.

Terceiro tempo – tempo de concluir: para a psicóloga, este tempo aconteceu com o encerramento da sessão. Para R. este tempo se deu quando concluiu que seu machucado na alma cicatrizara, podendo, deste modo, construir seu saber sobre a verdade.

Este caso, como outros descritos na literatura (Barreto, 2007, Miller, 2008), evidencia que a intervenção realizada com o tempo lógico possibilitou que a paciente se reorganizasse psiquicamente, interpretando e dando um novo sentido ao que lhe causava angústia e, desse modo, pôde sofrer sem excesso, conforme indica Rosa (2004): "[...] a psicanálise acredita que não é preciso 'sofrer demais' e aposta na abertura de novas vias de satisfação, mais curtas. Essa crença justifica eticamente a intervenção psicanalítica" (p. 1). Para que haja a intervenção psicanalítica, salienta-se que é necessário que o sujeito em sofrimento apresente uma demanda endereçada ao profissional que ele acredite que possa respondê-la. Tal processo somente acontece a partir do mecanismo de transferência que será discutido e exemplificado a seguir.

A TRANSFERÊNCIA

O adoecimento é um momento que precipita crises, perdas e modificações repentinas na vida daquele que adoece, assim como de seus familiares. Estar doente é se deparar com a fragilidade humana, é esbarrar no incontrolável. Especificamente no contexto hospitalar, é se deparar de forma escancarada com a falta constituinte de cada sujeito (Moura, 2003). Neste contexto ocorre o estabelecimento da relação analítica marcada pela transferência.

> A transferência é um processo essencial para o tratamento analítico, no qual "os desejos inconscientes do analisando concernentes a objetos externos passam a se repetir, no âmbito da relação analítica, na pessoa do analista, colocado na posição desses diversos objetos" (Roudinesco & Plon, 1998, pp. 780-781).

Lacan, no Seminário de 1964, define a transferência como a produção, por meio da experiência analítica, de uma cena da realidade inconsciente. Nesse processo está em jogo o desejo do analista, ou seja, o analista deve ocupar um lugar de objeto, indicando o vazio, a falta constitutiva de cada sujeito, deixando aberto o caminho do desejo do analisando e abstendo-se de seus desejos. Outro aspecto fundamental para a transferência é a função de sujeito suposto saber, relacionada a um engano estrutural, pelo qual o analisando atribui ao analista um saber absoluto. A crença no saber absoluto do analista é a via pela qual se dá abertura à construção do saber inconsciente do sujeito em análise (Roudinesco & Plon, 1998).

Ao abordar um paciente com tumor inoperável no pescoço, cujo pedido de atendimento veio do médico assistente, após me apresentar como psicóloga, ouvi do paciente: "Bom, eu não sei o que falar. O que a doutora quer que eu diga para me avaliar?". Respondi que estava lá para escutá-lo naquilo que quisesse me dizer. Marquei a diferença da avaliação médica e que meu interesse era ouvi-lo livremente, caso houvesse alguma preocupação, algum pensamento fixo ou um assunto qualquer que ele quisesse compartilhar comigo. Ressaltei que ele também tinha o direito de recusar o atendimento sem que isso viesse a interferir nos seus cuidados hospitalares. Aos poucos, ao sentir-se acolhido, o paciente começou a falar da história de sua internação e de sua relação com a ex-esposa. No final do atendimento, expliquei que voltaria no outro dia, mas não tinha um horário certo. O paciente respondeu que seria uma surpresa, assim como era surpresa quando a raposa ia visitar o pequeno príncipe – numa referência à obra de Antoine de Saint-Exupéry (1943/2005) –, mas que tinha certeza que eu voltaria, por isso iria me esperar.

Nas sessões seguintes, o paciente endereçou questões à psicóloga sobre seu diagnóstico e sua morte: "Doutora, eu tive um sonho em que achei que já estava morto. Será que minha morte está próxima? Será que eu vou morrer logo?". A essas perguntas, a psicóloga pediu que o paciente descrevesse como tinha sido o sonho e quais afetos o permearam, como medida de auxiliá-lo por meio de sua fala, a apaziguar sua angústia e possibilitar um novo sentido diante de seu sofrimento.

O psicanalista Christian Dunker (2016) – em um dos vídeos de seu canal do Youtube e conforme transcrição a seguir –, orientado pela teoria freudiana, explica que a transferência é a reatualização na relação com o analista de afetos, identificações e escolhas de objetos que estão na história sexual, na história narcísica ou na história desejante do sujeito.

A transferência é basicamente um caso específico do princípio de repetição em que repetimos com o outro aquilo que nos formou até aquele momento. É uma forma de amor, que não é específica do tratamento analítico que pode acontecer nas relações espontâneas com as pessoas pelas quais se tem admiração ou autoridade. Essa forma de amor é o meio pelo qual o analista consegue operar transformações nos pacientes, uma vez que a transferência vai atualizando cada um de seus sintomas. (Dunker, 2016).

Na última sessão, o paciente me pediu que pegasse uma caixa de bombons no criado ao lado de seu leito e me ofereceu um bombom. Ao mesmo tempo, ele cantou "Pra você eu guardei o bombom mais bonito, pra você eu guardei o amor infinito". Nesses trechos foi possível verificar a presença da transferência estabelecida, a partir da qual se deu o tratamento psíquico do paciente até a véspera de sua morte, o que lhe permitiu ressignificar fatos importantes de sua vida e estreitar laços com familiares próximos – e, três dias depois, veio a falecer.

LUTO DIANTE DA TERMINALIDADE

Lidar com a terminalidade é algo que pode conduzir ao desconforto. Mesmo diante da perda de pessoas próximas ou com a diminuição da vitalidade do corpo por doenças ou pelo envelhecimento, existe a tendência de se pensar que a morte é sempre a do outro e não a do próprio sujeito (Machado, 2015). Uma das explicações para a negativa da própria morte se encontra no texto de Freud (1915a/1996) que afirma que o inconsciente se comporta como imortal. Entretanto, Mucida (2006) argumenta que morte, perdas e fracasso são características da vida e por isso acompanham o sujeito. Ela afirma que, apesar de parecer paradoxal, é pela existência da morte que se adquire o saber sobre a vida e é devido às perdas que se buscam novos objetos. Do mesmo modo, "é porque algo falha, não se escreve, que tentamos escrever; é porque o gozo é barrado que podemos gozar. É pelo desamparo que a vida transita." (Mucida, 2006, p. 145).

Na velhice, o desamparo se mostra de forma mais contundente. Como o inconsciente desconhece a morte, teme-se na velhice a morte do desejo, a exposição do gozo, embora esse temor não seja específico na velhice, já que o desejo não tem idade (Mucida, 2004). Para a autora, o insuportável aparece quando ocorre um distanciamento entre a pulsão de vida e a pulsão de morte. Cabe aqui uma digressão com o objetivo de esclarecer brevemente a questão das pulsões para melhor entendimento do exposto. De acordo com Freud

(1920/1996), no funcionamento do aparelho psíquico existem duas forças antagônicas. Uma delas, denominada pulsão de vida, conduziria o indivíduo à preservação da vida. A outra, pulsão de morte, levaria o indivíduo a um estado em que não houvesse mais nenhuma tensão no aparelho psíquico. Essas duas forças se entrelaçam durante a vida de cada sujeito, trabalhando em conjunto de acordo com o princípio de preservação da vida (Freud, 1920).

Dando continuidade à linha de reflexão, retoma-se com Mucida (2004) que, com o predomínio da pulsão de morte diante do insuportável, a alternativa seria levar o sujeito a uma subversão a partir da dialética do desejo. "O desejo seria aquilo que, faltando, permite que a falta não venha a fazer falta e, com isso, pode provocar o movimento da vida que não existe sem o movimento da morte" (Mucida, 2004. p. 146).

A questão da morte traz desconforto e negação. A prática clínica permite afirmar que essa questão pode ser mais dolorida e desconfortável em pessoas idosas com doenças para as quais a medicina não tem tratamento curativo. A velhice por si só traz perdas características como a diminuição dos laços pela perda de pessoas próximas e a diminuição do vigor físico, fazendo com que muitos sujeitos tenham dificuldade de se reinventar após determinada idade. Muitos deles regridem, como forma de defesa psíquica, a um estádio anterior como forma de recuperar o que se perdeu. Mas essa defesa fracassa porque retorna a um lugar onde se fixou a fantasia.

Diante deste quadro, a solução seria o trabalho de luto dessas perdas. Para tanto, torna-se importante a presença do Outro e de recursos simbólicos para que o paciente idoso possa elaborar suas perdas. É nesse contexto que o analista pode contribuir.

Para ilustrar essa situação, será relatado o fragmento do atendimento psicológico de um paciente de 62 anos, com câncer no pâncreas em fase terminal, atendido pela equipe de cuidados paliativos. Pelo estado crítico em que se encontrava, ora com fortes dores, ora apresentando confusão mental proveniente de seu estado clínico, o paciente não endereçava a residente questões ao sujeito suposto saber. Assim a transferência não se estabeleceu nos primeiros atendimentos.

Nesses primeiros encontros, a psicóloga colocava-se na posição de uma escuta diferenciada. Mas diante da recusa do paciente, a residente mantinha o questionamento sobre a continuidade dos encontros, consistindo em uma pergunta interpretativa que estabelecia um vínculo entre a presença e a recusa, desfocando do sofrimento para o diálogo. Assim a relação transferencial se estabeleceu. O paciente C. continuava nas sessões seguintes visivelmente em sofrimento, com fácies de dor, mas apesar da dor, conseguia responder ao contato da psicóloga. Em muitos momentos, quando faltam palavras, as intervenções puderam acontecer por meio de gestos não verbais, como a correspondência de um olhar ou até mesmo um toque. Na quarta sessão psicóloga cumprimentou o paciente e disse que estava ali por ele, para estar junto dele naquele momento difícil. O paciente não pronunciou nenhuma palavra, mas olhou a psicóloga demoradamente e apertou-lhe a sua mão. A psicóloga manteve-se em silêncio e correspondeu ao olhar do paciente permanecendo assim por alguns minutos. Este emocionou-se e agradeceu a presença da psicóloga: "Obrigado por você estar aqui, por ter vindo me ver".

Conforme Araújo e Silva (2012) a comunicação não verbal permite a compreensão dos sentimentos nas relações interpessoais. Segundo as autoras, o contato físico pode provocar mudanças neuromusculares, glandulares e mentais, mas não se restringe ao caráter técnico e instrumental. O toque pode ser também uma maneira de dar apoio e manifestar afeto, favorecendo a diminuição da ansiedade e da aflição naquele que está diante da dor ou da morte.

Um dos sintomas mais presentes em pacientes em cuidados paliativos terminais é a dor física, além do sofrimento do desamparo diante da impossibilidade do alivio, uma vez que esta pode não ser totalmente controlada, em muitas ocasiões, com o uso de medicação. "A dor pode tomar uma proporção tamanha que, mesmo com altas dosagens de opiáceos, o paciente ainda a sinta. Esse fato causa estranhamento e horror, pois o paciente não entende de onde vem tanta dor, declarando ser impossível tal acontecimento" (Melo &Souza, 2015, p. 45).

Muitas vezes, o horror dessa situação pode fazer com que o sujeito sinta o que Lacan (1959-1960/1997) nomeou como dor de existir, entendida como uma dor derivada da ausência de desejo, onde a vida fica delimitada ao puro ato de existir. Nesta situação, o que cabe ao analista? No caso de C., a reinserção do desejo aconteceu a partir do momento em que o paciente se sentiu importante para a psicóloga por meio de suas visitas constantes. A oferta da escuta diferenciada de seu sofrimento propiciou uma reorganização no arranjo do aparelho psíquico do sujeito: "Eu não sabia que ainda existiam pessoas como você, capazes de entender o que estou sentindo, de compreender minha dor.".

Ao se sentir significado, e por que não dizer amado no sentido do amor transferencial, o paciente começou a dizer que desejaria voltar para casa, rever seus objetos pessoais, animais de estimação e estar com a família.

Como assinalam Melo e Souza (2015): "A psicologia, aqui, funciona como agente da palavra para dizer dos efeitos subjetivos nesse cenário de dores, limitações, angústias, medos, desejos. Preconiza um novo direcionamento aos critérios referentes à qualidade, ao valor e ao sentido da vida." (p. 43)

CONSIDERAÇÕES FINAIS

Este trabalho, resultante da experiência da psicóloga residente em sua *práxis* com pacientes em cuidados paliativos, buscou refletir sobre a possibilidade e a efetividade da aplicação da abordagem lacaniana em suas intervenções. Cabe ressaltar que a teoria lacaniana é complexa, com uma teia de relações entre seus conceitos. Os temas abordados aqui foram escolhidos por sua função orientadora da *práxis* da residente no universo do sofrimento psíquico dos pacientes em cuidados paliativos.

Os resultados obtidos mostraram que, mesmo com o avanço da idade e do curto espaço de tempo devido à espreita da morte, ainda assim é possível a minimização do sofrimento desses pacientes e possibilitar o resgate de sua dignidade e o desejo pela vida, mesmo que esta seja breve. Escutar um paciente angustiado diante da ameaça da morte não é um trabalho fácil, principalmente se se considera que o ambiente hospitalar é marcado por situações inusitadas, relativas e de urgência, como afirma Fonseca (1995). Mas, é por apostar no que é possível ser realizado diante do limite, que consideramos que a psicanálise pode ser aplicada também nestes contextos. Deve-se considerar que a psicanálise em sua fecundidade oferece ao analista vias de intervenção em pacientes em situações radicais de sofrimento, como apontado por Rosa (2004). Portanto, as possibilidades de construção teórica do uso da psicanálise lacaniana nos cuidados paliativos é uma fronteira a ser melhor explorada, sendo este estudo apenas um esboço do possível nos limites da prática da residência. A existência de poucos estudos, revelada na revisão bibliográfica, convida a exploração das implicações e aplicações da teoria lacaniana neste campo. Assim os resultados deste trabalho convidam a realização de futuros estudos sobre este tema. Procurou-se, neste estudo, também ser um ponto de partida e incentivo para a realização de novas pesquisas, haja vista o pouco material disponível que trate das especificidades e vicissitudes desta clínica. Mas somos inspirados por Freud que poeticamente nos ensinou em seu texto *Sobre a transitoriedade* (1915b/1996): "Uma flor que dura apenas uma noite nem por isso nos parece menos bela." (p. 184).

REFERÊNCIAS

Academia Nacional de Cuidados Paliativos. (2018). *Linha de Cuidados Paliativos doHospital das Clínicas da Universidade Federal de Minas Gerais (UFMG)*. Recuperado a partir de http://paliativo.org.br/linha-de-cuidados-paliativos-do-hospital-das-clinicas-da-ufmg-universidade-federal-de-minas-gerais/

Instituto Brasileiro de Geografia e Estatística. (2017). *Em 2016, expectativa de vida era de 75,8 anos*. Rio de Janeiro: IBGE. Recuperado a partir de https://agenciadenoticias.ibge.gov.br/agencia-noticias/2013- agencia-de-noticias/releases/18470-em-2016-expectativa-de-vida-era-de-75-8-anos.html

Araújo M. M. T., & Silva M. J. P. A. Estratégias de comunicação utilizadas por profissionais de saúde na atenção à pacientes sob cuidados paliativos. *Rev Esc Enferm USP*, *46*(3), 626-632. Recuperado a partir de http://www.scielo.br/pdf/csc/v18n9/v18n9a06.pdf

Azevedo, E., & Calazans, R. (2016). "Não há tempo... A perder": questões sobre a atuação do Psicanalista no hospital geral. *Vínculo*, *13*(1), 56-64. Recuperado a partir de http://pepsic.bvsalud.org/scielo.php?script=sci_abstract&pid=S1806-24902016000100006

Barra, V. B. R., & Nicolau, R. F. (2013). *O discurso do analista no hospital e o (im)possível de suportar*. Recuperado a partir de www.psicopatologiafundamental.org/uploads/files/vi_congresso/.../38.2.pdf

Barreto, F. P. (2004). A urgência subjetiva na saúde mental. *Opção Lacaniana Revista Brasileira Internacional de Psicanálise*, *40*(14), 47-51.

Barreto, F. P. (2007). A psicanálise aplicada à saúde mental: uma contribuição ao tema da prática lacaniana nas Instituições. *CliniCAPS, 1, 1-28*. Recuperado a partir de http://www.clinicaps.com.br/clinicaps_pdf/Rev_01/Revista01_art3_Barreto.pdf

Belaga, G. (2004). *La urgencia generalizada*: la práctica en el hospital. Buenos Aires: Gama Ediciones.

Brasil. (2003). *Estatuto do Idoso*. Recuperado a partir de http://www.planalto.gov.br/ccivil_03/leis/2003/l10.741.htm

Dunker, C. I. L. (2015). *Mal-estar, sofrimento e sintoma*: uma psicopatologia do Brasil entre muros. São Paulo: Boitempo.

Dunker, C. I. L. (2016). *O que é a transferência?* [You Tube]. Recuperado a partir de https://www.youtube.com/watch?v=sh8Af0NIvsU

Eduardo, C. A., & Mendoza, Y. Y. Q. (2017). *Perfil epidemiológico e clínico dos pacientes idosos em cuidados paliativos em um hospital universitário de Belo Horizonte*. Monografia apresentada no Programa de Residência

Integrada Multiprofissional em Saúde do Idoso do Hospital das Clínicas da Universidade Federal de Minas Gerais, Belo Horizonte, MG.

Ferreira, A. P. Q., Lopes, L. Q. F., & Melo, M. C. B. (2011). O papel do psicólogo na equipe de cuidados paliativos junto ao paciente com câncer. *Revista da SBPH, 14*(2), 85-98. Recuperado a partir de http://pepsic.bvsalud.org/scielo.php?script=sci_arttext&pid=S1516-

Fonseca, M. A. (1995). Hospital: uma possível escuta. In Conselho Regional de Psicologia (Org.), *Anais do I Congresso Mineiro de Psicologia* (pp. 109-116). Belo Horizonte, MG: CRP.

Freud, S. (1898). A sexualidade na etiologia das neuroses. In J. Strachey (Ed.), *Edição Standart Brasileira das Obras Psicológicas Completas de Sigmund Freud* (Vol. 14, pp. 251-274). Rio de Janeiro: Imago, 1996. (Originalmente publicado em 1898).

Freud, S. (1915a). Reflexões para os tempos de guerra e morte. In S. Freud, *Edição Standart Brasileira das Obras Psicológicas Completas de Sigmund Freud* (Vol. 14, pp. 311-341). Rio de Janeiro: Imago, 1996. (Originalmente publicado em 1915).

Freud, S. (1915b). Sobre a transitoriedade. In S. Freud, *Edição Standart Brasileira das Obras Psicológicas Completas de Sigmund Freud* (Vol. 14, pp. 345-348). Rio de Janeiro: Imago, 1996. (Originalmente publicado em 1915).

Freud, S. (1920). Além do princípio do prazer. In S. Freud, *Edição Standart Brasileira das Obras Psicológicas Completas de Sigmund Freud* (Vol. 18, pp.). Rio de Janeiro: Imago, 1996. (Originalmente publicado em 1920).

Instituto Brasileiro de Geografia e Estatística. (2014). *Pesquisa Nacional de Saúde 2013*. Percepção do estado de saúde, estilos de vida e doenças crônicas. Rio de Janeiro: IBGE. Recuperado a partir de ftp://ftp.ibge.gov.br/PNS/2013/pns2013.pdf

Lacan, J. (1959-1960). *O seminário Livro 7*: A ética da psicanálise. Rio de Janeiro: Jorge Zahar, 1997. (Originalmente publicado em 1959-1960).

Lacan, J. (1964). *O Seminário Livro 11*: Os quatro conceitos fundamentais da psicanálise. Rio de Janeiro: Jorge Zahar, 1998. (Originalmente publicado em 1964).

Lacan, J. (1966). Função e campo da fala e da linguagem em psicanálise. In J. Lacan, *Escritos*. (Vera Ribeiro, trad.). Rio de Janeiro: Jorge Zahar Editor, 1998. (Originalmente publicado em 1966).

Lacan. J. (1958). *O seminário Livro 5*: As formações do inconsciente. Rio de Janeiro: Jorge Zahar, 1999. (Originalmente publicado em 1958).

Lacan, J. (1962-1963). *O Seminário Livro 10*: A angústia. Rio de Janeiro: Jorge Zahar, 2005. (Originalmente publicado em 1962-1963).

Machado, S. M. (2015). Psicanálise e Cuidados Paliativos : do sem-sentido à invenção. *Revista da Universidade Vale do Rio Verde*, *13*(2), 613-618. Recuperado a partir de http://periodicos.unincor.br/index.php/revistaunincor/article/view/2445

Moura, Gisele Corrêa Martins. (2003). A apropriação imaginária do tempo na práxis da urgência. In Marisa Decat de Moura (Org.), *Psicanálise e hospital: tempo e morte: da urgência ao ato analítico.* (pp. 17-23). Rio de Janeiro: Revinter.

Melo, D. (2014). Algumas considerações sobre a urgência subjetiva em uma instituição de tratamento oncológico. In A. B. R. Bernat, D. R. Pereira, & M. M. Swinerd (Orgs.), *Sofrimento psíquico do paciente oncológico: o que há de específico?* (pp. 21-28). Rio de Janeiro: INCA. Recuperado a partir de https://www.inca.gov.br/sites/ufu.sti.inca.local/files//media/document//caderno-de-

Melo, C. F., & Souza, T. M. (2015). (Amor)tecer o sofrimento: a escuta do paciente oncológico no cuidado paliativo. In A. B. R. Bernat, F. L. T. de Lima, L. da S. Alcântara, M. M. Swinerd (Orgs.), *Os tempos no hospital oncológico* (pp. 43-47). Rio de Janeiro: INCA. Recuperado a partir de http://bvsms.saude.gov.br/bvs/publicacoes/cadernos_psicologia_tempos_hospital_oncol

Miller, Jacques-Alain. (2008). *Efeitos terapêuticos rápidos em psicanálise*. Buenos Aires: Paidós.

Mucida, A. (2006). *O sujeito não envelhece*: psicanálise e velhice. Belo Horizonte: Autêntica.

Neri, A. L. (2006). Contribuições da psicologia ao estudo e à intervenção no campo da velhice. *Revista Brasileira de Ciências Do Envelhecimento Humano*, *1*(1). Recuperado a partir de http://pepsic.bvsalud.org/scielo.php?script=sci_arttext&pid=S1982-

Oliveira, W. L. & Rodrigues, A. L. (2014). Sobre a prática psicanalítica em enfermarias hospitalares. *Estudos de Psicanálise*, (41), 157-165. Recuperado a partir de http://pepsic.bvsalud.org/scielo.php?script=sci_arttext&pid=S0100-

Organização Mundial da Saúde. (2018). *Definition of palliative care*. Recuperado a partir de http://www.who.int/cancer/palliative/definition/en

Othero, M. B., Ribeiro, M. S. & Parsons, H. A. (2015). Profiles of palliative care services and teams composition in Brazil: First steps to the Brazilian Atlas of Palliative Care. In: Anais. *14 World Congress of the European Association of Palliative Care* (p. 113), Copenhaguen.

Porto, G., & Lustosa, M. A. (2010). Psicologia Hospitalar e Cuidados Paliativos / Health Psychology and Palliative Care. *Revista da SBPH,* 13. Recuperado a partir de http://pepsic.bvsalud.org/scielo.php?script=sci_arttext&pid=S1516-

Rosa, M. (2004). Psicanálise aplicada à saúde mental. *Cartas de Psicanálise/ Centro de Estudos e Pesquisa em Psicanálise – Vale do Aço, 1* (1), 14-17.

Rosa, M.. (2007). A psicanálise e os efeitos terapêuticos rápidos. *Cartas de Psicanálise/Centro de Estudos e Pesquisa em Psicanálise – Vale do Aço*, 2 (2), 26-29.

Roudinesco, E., & Plon, M. (1998). *Dicionário de psicanálise.* Rio de Janeiro: Jorge Zahar Editor.

Simonetti, A. (2011). *Manual de Psicologia Hospitalar*: o mapa da doença. São Paulo: Casa do Psicólogo.

Safra, G. (2001). *Investigação e psicanálise na universidade*. Recuperado a partir de http://www.scielo.br/scielo.php?script=sci_arttext&pid=S0103-

Saint-Exupery, A. (2005). *O pequeno príncipe*. Rio de Janeiro: Agir. (Originalmente publicado em 1943).

Silva, M. V. L. (2007). A escuta analítica: a diferença entre ouvir e escutar. Recuperado a partir de http://www.portaldapsique.com.br/Artigos/Escuta_Analitica_a_diferenca_entre_ouvir_eSoler, C. (1994). O intratável. *Revista Curinga, 2*, 22-24.

SOBRE OS AUTORES

ORGANIZADORES

Orestes Diniz Neto

Psicólogo e professor associado da Universidade Federal de Minas Gerais. Doutor em Psicologia (PUC - Rio). Tutor da Residência Multiprofissional em Psicologia Hospitalar (Hospital das Clínicas - UFMG). É psicoterapeuta e tem experiência na área de Psicologia, com ênfase em Psicoterapia, Abordagem Sistêmica, Família e Casal.

Fábio Belo

Psicólogo e psicanalista, professor adjunto IV da Universidade Federal de Minas Gerais. Doutor em Estudos Literários (UFMG). Coordena o grupo de pesquisa Psicanálise e Política (PPG - Psicologia - UFMG) e o projeto de extensão Conversas Virtuais sobre Psicanálise (youtube.com/fabiobelo76). É bolsista produtividade em pesquisa CNPq - Nível 2.

AUTORES

Diego Alonso Soares Dias

Psicanalista. Doutor em Psicologia pelo Programa de Pós-Graduação em Psicologia da UFMG, área de concentração Teoria Psicanalítica. Mestre em Psicologia pelo Programa de Pós-Graduação em Psicologia da UFMG, área de concentração Teoria Psicanalítica. Atua como psicanalista no Hospital das Clínicas da UFMG e é preceptor do Programa de Residência Multiprofissional em Saúde do Hospital das Clínicas da UFMG.

Ênia Campos Miranda

PPsicóloga clínica, especialista em Saúde do Idoso (Residência Integral Multiprofissional em Saúde - Hospital das Clínicas da UFMG). É psicoterapeuta com atuação em Clínica de Dor.

Hellen Karlla de Campos

Psicanalista e psicóloga clínica. Possui Título Profissional de Especialista em Psicologia da Saúde (CRP-MG), é especialista em Saúde do Idoso (RIMS-HC/UFMG) e em Teoria Psicanalítica (CETEP-UFMG).

Michelle Aguilar Dias Santos

Psicóloga e psicanalista. Mestranda em Psicologia na área de concentração Estudos Psicanalíticos pela UFMG.

Sylvana Cardoso

Psicóloga graduada pela UFMG. Especialista em Saúde do Idoso pelo Hospital das Clínicas da UFMG. Título de especialista em Psicologia Hospitalar pelo Conselho Regional de Psicologia de Minas Gerais. Analista de Políticas Públicas da Prefeitura de Belo Horizonte.

Vanessa Biscardi Matos

Psicóloga clínica, psicanalista. Especialista em Saúde do Idoso (RIMS-HC/UFMG) e em Teoria Psicanalítica (CETEP-UFMG). Mestre em Estudos Psicanalíticos (UFMG).

Este livro foi composto com tipografia Berkeleystd
e impresso em papel Lux Cream LD 70g. na Gráfica Formato.